LES PROMESSES DE L'INTELLIGENCE NEUROSENSORIELLE

ISBN : 978-2-7029-1536-3

www.editions-tredaniel.com
info@guytredaniel.fr
www.facebook.com/editions.tredaniel

OLIVIER MASSELOT
SAMY KALLEL
Préface de Luc Bodin

LES PROMESSES DE L'INTELLIGENCE NEUROSENSORIELLE

Manuel pratique et essentiel pour retrouver votre potentiel naturel de transformation

LE COURRIER DU LIVRE
27, rue des Grands-Augustins
75006 Paris

SOMMAIRE

PRÉFACE

Lorsque Olivier m'a demandé de préfacer son livre, j'en ai été honoré mais je ne connaissais pas sa (ses) méthode(s), bien que j'eusse confiance dans les qualités qu'il a su développer comme coach formé aux neurosciences pendant de nombreuses années. De plus, son parcours personnel, que je qualifierais de hors du commun avec ses expériences de mort imminente (EMI), d'éveil de la conscience et sa guérison d'une leucémie à 47 ans, incite à écouter et expérimenter ce qu'il exprime.

Alors je me suis penché sur « l'Intelligence Neurosensorielle », une expression énigmatique qui pourrait rebuter, mais qui m'a, au contraire, poussé à comprendre ce qu'Olivier et Samy voulaient exprimer par là et surtout ce qui se cachait derrière.

Une fois que j'ai compris ce que signifiaient pour eux les mots qu'ils employaient (mental, ego, intellect, sensorialité, intelligence intuitive...), tout devint clair. Je constatai alors combien nous partagions de nombreux points de vue, avec simplement des approches différentes. En effet, écouter son corps, ses sensations corporelles, ses émotions, son intuition, son cœur... mais aussi vivre l'instant présent, développer le lâcher-prise, la bienveillance, la compassion... constituent autant d'éléments qui sont également essentiels à mes yeux pour créer une vie harmonieuse.

Dans cet ouvrage, Olivier et Samy développent leur point de vue sur le fonctionnement de l'être humain et les conséquences qui en découlent concernant ses jugements, ses actions, ses peurs, ses souffrances... Mais surtout, ils offrent un panel de techniques faciles à appliquer pour sortir de ces engrenages infernaux. Elles produisent souvent un effet immédiat. La cerise sur le gâteau est que ces outils sont faciles à réaliser par soi-même après un court apprentissage.

C'est ainsi que, comme ils le disent, l'Intelligence Neurosensorielle est un concept simple, pratique, puissant, facile à mettre en place et opérationnel immédiatement... que je vous laisse découvrir.

Luc Bodin

AVANT-PROPOS

Entre le moment où nous avons écrit ce livre et sa publication, un certain nombre de mouvements extrêmes se sont produits, que ce soit en France ou à l'échelon planétaire.

Aujourd'hui plus que jamais, la situation du monde nous demande de nous réinventer, de changer nos habitudes, nos paradigmes et nous devons entretenir le désir ardent de construire une humanité nouvelle et non de maintenir ce qui ne fonctionne plus...

À travers les faits violents qui émaillent l'actualité, il est très facile de rentrer en « mode survie », un mode automatique, rapide et instinctif, mais qui n'est pas le plus adapté dans le contexte actuel, loin de là, puisqu'il incite à provisionner, stocker et thésauriser, même si cela se fait au détriment de l'humain et de la vie sur Terre.

Alors, face à ces défis de taille – et heureusement – nous avons la capacité de passer en « mode vie », c'est-à-dire à rentrer dans des dynamiques adaptatives de construction et d'intelligence collectives, même si cela demande un effort qui doit venir de notre intériorité.

Pour retrouver ce mouvement, l'utilisation du cerveau adaptatif et la reconnexion à notre cœur par la sensorialité nous apparaissent comme l'alliance corps/cœur/esprit indispensable au retour à soi, à la sérénité, au bien-être et au bien-vivre dans notre réalité.

Puisse cet ouvrage apporter sa pierre et contribuer à cet élan salvateur.

INTRODUCTION

POURQUOI L'INTELLIGENCE NEUROSENSORIELLE ?

Nous avons voulu vous proposer un livre à la fois petit par la taille et grand dans sa capacité à vous servir de guide à travers un concept novateur et porteur de changement : l'intelligence neurosensorielle.

Vous pourrez découvrir au long de ces pages les différentes promesses de l'intelligence neurosensorielle en termes de pouvoir personnel, de charisme, de reconnexion avec la vie, d'ouverture des possibles et de (re)donner un sens à sa vie.

L'intelligence neurosensorielle n'est ni un concept à la mode destiné à faire un coup médiatique, ni un truc de gourou, ni une formule magique.

L'intelligence neurosensorielle est un concept simple, pratique, puissant, facile à mettre en place, efficace et opérationnel immédiatement.

L'intelligence neurosensorielle est la voie la plus rapide pour nous libérer des blocages issus de notre conditionnement.

Si nous sommes plongés depuis la naissance dans cet état d'identification qui nous enferme dans nos problèmes, c'est parce que personne ne nous a donné d'indications pour en sortir.

Avec l'intelligence neurosensorielle, il s'agit de rétablir une communication en temps réel entre le corps et le cerveau pour retrouver notre pouvoir personnel.

Et le fruit de cet alignement c'est le cœur, avec comme indicateurs de résultat : l'enthousiasme, la joie, l'amour et la réussite personnelle.

En fait, il y a déjà des personnes qui utilisent l'intelligence neurosensorielle dans leur pratique quotidienne :

— L'ostéopathe pose la main et ressens ce qui se passe dans le corps et dans la pensée de son patient.

— Le jardinier entre en contact avec la nature, les fleurs, les arbres ; il est relié aux plantes et comprend leurs besoins.

— Les musiciens et les compositeurs créent la musique en fonction des sensations déclenchées par une belle mélodie, une ambiance sonore, un rythme, sans parler de ceux qui ont l'oreille absolue et pour qui le nom de la note arrive quasiment en même temps que le son.

— De même les danseurs qui laissent le corps réagir aux sonorités et aux rythmes qu'ils perçoivent.

— Nous pouvons aussi évoquer les sourciers, capables de ressentir la présence de l'eau ; les médecins chinois, capables de percevoir l'énergie d'un organe ; le feng shui – une personne ressent les énergies d'une maison et les influence – ; le chaman, capable de guérir à partir de ses perceptions ou encore cet artisan verrier qui sait précisément quel mouvement donner lorsqu'il travaille le verre.

Il y a du génie chez ces gens-là, et ce génie découle directement de leur capacité à se connecter à leur sensorialité.

Toutes ces personnes ont développé une capacité de lecture de la situation, un regard particulier qui permet le développement de l'intuition, et ce n'est pas un hasard si toutes les écoles qui s'intéressent sérieusement à l'intuition travaillent sur le développement de la sensorialité.

La lecture sensorielle permet de mieux comprendre ce qui se passe, en dehors de toute considération purement matérielle et visible.

LE CONTEXTE ACTUEL

Nous sommes aujourd'hui face à des bouleversements qui nous dépassent et qui se manifestent au travers de trois fractures :

— la fracture sociale : l'accroissement des inégalités entre les plus riches et les plus pauvres, les mouvements de population qui fuient leur pays ravagé ;

— la fracture environnementale : le fait que nous risquons tout simplement d'être notre propre prédateur et de disparaître de la planète ;

— la fracture de la perte de sens, qui se manifeste à travers les mouvements de contestation affichés ou dans les attentes des nouvelles générations.

Face à ces fractures, nous sommes au cœur de trois révolutions :

— la révolution numérique, avec la multiplication des informations sur Internet et les changements profonds de mode de vie que cela engendre ;

— la révolution des neurosciences, qui inclut la robotique ; l'humain est remplacé par les machines ;
— la révolution de l'intelligence artificielle où nous pouvons légitimement nous demander ce que déciderait une machine dans des situations extrêmes.

Ces révolutions impactent nos vies, nos relations, notre rapport au travail, à l'État. Notre environnement – social, géopolitique, professionnel ou familial – est devenu ce que des sociologues appellent « VICA » : Volatil, Imprévisible, Complexe et Ambigu, et la plupart d'entre nous n'ont pas pris la mesure de ce que cela implique.

Mais au-delà de toute considération matérielle ou conséquence concrète, il y a un élément essentiel dont nous devons prendre conscience.

Nous sommes tous vulnérables, et nous pourrions ajouter : nous n'avons jamais été aussi vulnérables.

Définition du mot « vulnérable » : qui peut être blessé, qui peut être malade, qui est moralement fragile, qui se défend mal, qui peut être facilement atteint ou attaqué (le point vulnérable d'une armure, d'une forteresse).

Dans ce monde VICA, tous les domaines de notre vie sont concernés : santé, finance, sécurité, approvisionnements divers, etc., et pourtant, nous continuons à vivre comme si tout était normal.

En fait, la majorité d'entre nous ne se pose pas la question et préfère même rester dans une forme d'ignorance volontaire

– la posture de l'autruche. Il est plus facile d'éviter d'y penser ou d'aborder la question que de faire face à ce constat : nous sommes tous vulnérables.

Vous découvrirez dans ce livre que « le déni de ce qui est » est le premier critère diagnostique d'un comportement totalement inapproprié face à toute situation. C'est comme se couper d'informations pourtant essentielles à notre capacité d'adaptation à ce qui est.

Dans les pages qui suivent, nous allons beaucoup parler de posture, de comportement, de positionnement. Nous allons évoquer l'inconnu et les contractions / la rigidité face aux peurs générées par l'incertitude ; nous allons vous inviter à apprendre à vous laisser surprendre et à explorer, comme l'enfant qui découvre, à vous laisser toucher, à tomber et vous relever, dans une curiosité sans fin qui vous fait grandir.

UN RETOUR VERS L'HUMAIN

Pour revenir à la vulnérabilité, que gagnerions-nous à explorer nos sentiments de tension lorsque nous faisons face à cette incertitude avérée ?

La puissance personnelle se renforce à travers les épreuves. En traversant l'épreuve, nous nous confrontons à nos peurs et nous apprenons que celles-ci ne sont pas immuables ; nous gagnons en confiance, en estime de nous-même et nous nous enrichissons.

En fait, nous renforçons notre puissance personnelle dès que nous prenons conscience et acceptons le fait que nous sommes vulnérables.

En allant « vivre » cette vulnérabilité, c'est-à-dire en nous visualisant – avec l'aide des pensées, des émotions et de nos sensations corporelles – dans des situations où nous sommes totalement atteignables et attaquables, nous traversons l'épreuve et nous acceptons qu'il y aura toujours une part d'inconnu en nous.

À nous d'accepter d'être touché, de plier comme le roseau, d'aller vivre et ressentir l'impact de nos peurs et de nos démons pour mieux les traverser et nous en libérer.

Mais cela demande du courage, d'autant plus que, comme tout organisme qui possède un corps et qui est soumis à la loi de l'entropie[1], nous cherchons à assurer notre survie et, de fait, la partie « automatique » de notre cerveau n'ira jamais spontanément goûter l'inconnu et imaginer sa propre vulnérabilité à travers l'incertitude.

Nous devons donc le faire en toute conscience et forcer une résistance naturelle qui découle de ce qui précède.

Mais lorsque nous forçons cette résistance, lorsque nous intégrons notre vulnérabilité, nous permettons non seulement que la vie nous apporte des moments heureux et d'autres moins, mais surtout, nous retrouvons notre humanité : « **puisque nous sommes tous vulnérables, la solidarité, le contact et le collectif nous renforcent** ».

Dès lors, nous voyons l'autre non plus comme un objet ou une fonction, mais comme un être humain à part entière.

1. Entropie : la mesure du désordre (second principe de la thermodynamique). Tout organisme vivant se dégrade irrémédiablement vers l'équilibre thermodynamique – la mort – et va s'efforcer sans cesse de compenser sa propre dégradation entropique continuelle.

Cette compréhension est vécue non seulement avec la tête, mais surtout avec le cœur. Le rapport à l'autre sera désormais différent.

C'est tout cela que nous souhaitons que le développement de l'intelligence neurosensorielle apporte à l'humanité : une reconnexion de cœur qui participe au changement de paradigme et nous conduise, ainsi que nos enfants et petits-enfants, vers un monde où chacun peut s'épanouir et vivre en toute sérénité.

Nous vous souhaitons autant de plaisir à lire ce livre que nous en avons eu à l'écrire.

CHAPITRE 1

QU'EST-CE QUE L'INTELLIGENCE NEUROSENSORIELLE ?

Puisque le concept d'intelligence neurosensorielle n'a jamais été développé jusqu'à présent, commençons par imaginer ce que l'on pourrait trouver comme définition dans un dictionnaire respectable et holistique.

DÉFINITION DE L'INTELLIGENCE NEUROSENSORIELLE

La capacité à se connecter au présent *via* nos sensations corporelles pour stimuler la lucidité, la sérénité, l'intuition, la créativité et permettre l'apport de solutions que l'intellect n'a pas appris.

Elle s'appuie sur la constatation qu'il existe entre le corps et le cerveau un double flux ininterrompu d'informations non parasitées par l'intellect :

Flux cerveau/corps : notre intelligence supérieure s'exprime à la fois à travers l'intuition, la créativité et les sensations corporelles – notre ressenti.

Flux corps/cerveau : les sensations corporelles sont les signaux les plus fiables que cette intelligence supérieure peut analyser.

Comme l'affirme Carl Gustav Jung : « L'esprit est le corps vivant vu de l'intérieur, et le corps est la manifestation extérieure de l'esprit vivant, les deux étant réellement un. »

QU'EST-CE QUE L'INTELLIGENCE ?

Maintenant que nous avons pu imaginer une définition type de l'intelligence neurosensorielle, nous pouvons légitimement nous poser la question de ce qu'est l'intelligence...

Étymologiquement, « intelligence » vient du latin *intellegens* qui signifie « connaisseur ». C'est à l'origine la faculté de connaître, comme une relation secrète en lien avec le divin, qui va au cours du XVIe siècle devenir la « faculté de comprendre ».

Mais alors, s'agit-il de connaître – « naître avec » – ou de comprendre – « prendre avec soi » ?

Pour « comprendre », nous sommes en présence du quotient intellectuel (QI) qui, contrairement aux idées reçues, n'est qu'une infime partie de notre intelligence. Il se nourrit de savoirs qu'il a mémorisés et qu'il peut utiliser dans les occasions courantes de la vie.

Intégrer et reproduire n'est pas un signe d'intelligence... D'ailleurs, ce quotient intellectuel ne nous permettrait pas de survivre dans un environnement hostile, parce que pour survivre, il faut s'adapter, et pour s'adapter, il faut de l'intelligence.

Pour nous adapter, quelles que soient les situations, nous avons besoin de puiser au-delà de ce que nous avons appris intellectuellement et d'utiliser **notre intelligence, notre créativité et de savoir écouter notre intuition**.

Le problème vient du fait que l'éducation que nous avons reçue nous a conditionnés dans le savoir intellectuel et limités dans nos compétences émotionnelles. Alors, tel le phénix, nous avons besoin, pour retrouver notre pleine puissance, de renaître de ce conditionnement et pour cela d'apprendre à reconnaître le pouvoir du langage de notre corps.

COMMENT DÉFINIR L'INTELLIGENCE INTUITIVE ?

Passons maintenant un cran au-dessus et examinons ce que pourrait être l'intelligence intuitive.

Nous allons pour cet exercice juxtaposer les recherches de trois scientifiques qui se sont penchés sur la compréhension de ce qu'est l'intelligence.

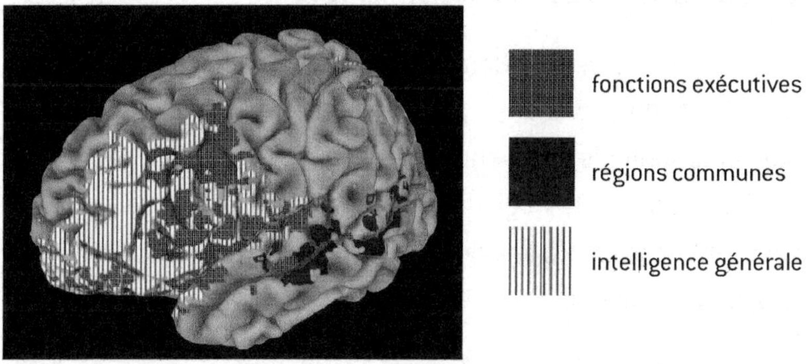

Dans cette image, nous visualisons une cartographie relativement précise des différentes zones impliquées dans l'intelligence au niveau du cerveau, selon les travaux de Aron K. Barbey[2].

2. Aron Keith Barbey est un neuroscientifique cognitif américain, dont les recherches portent sur l'architecture neurale de l'intelligence humaine. Il travaille au sein de l'Institut Beckman de l'université de l'Illinois.

Dans le cortex temporal, sur le côté de l'encéphale, l'intelligence générale – compréhension et mémoire – domine. Au niveau du cortex préfrontal, à l'avant, on voit beaucoup de zones de fonctions exécutives – raisonnement, mémoire de travail, planification, etc. – et de régions communes aux deux fonctions. Les capacités intellectuelles se chevauchent donc et sont aussi interconnectées.

On remarque que, même si elles ne correspondent ni à l'entièreté du cerveau ni à une région particulière, la plupart de ces facultés intellectuelles et cognitives se retrouvent dans le cortex préfrontal.

Selon Aron Barbey, c'est une indication que « **l'intelligence dépend de la capacité du cerveau à intégrer l'information depuis des processus verbaux, visuels, spatiaux** ».

Selon le professeur Roland Jouvent[3], nous avons une partie rationnelle du cerveau qui gère nos apprentissages et une autre plus émotionnelle, relationnelle et adaptative, qui est capable de sortir des contraintes logiques et répétitives. L'intuition aurait à voir avec cette capacité à imaginer des réponses et des solutions hors « logique prédictible ».

Selon la neurologue Régine Zekri-Hurstel, auteure avec Jacques Puisais du *Temps du goût* (Éd. Privat, 2010), qui évoque l'intuition, il s'agit pour une bonne part d'informations sensorielles captées par notre cerveau, mais qui ne parviennent pas à notre conscience.

3. Roland Jouvent, psychiatre et directeur du Centre émotion du CNRS à la Salpêtrière et auteur du *Cerveau magicien* (Éd. Odile Jacob, 2002).

En reprenant ces points de vue, pourrions-nous affirmer que **la qualité de notre intelligence dépend de la capacité de notre cerveau à intégrer l'information depuis des processus verbaux, visuels, spatiaux ET sensoriels ?**

Sans prétendre avoir les connaissances de ces scientifiques de pointe, c'est pourtant en résumé ce que nous constatons dans notre pratique et qui nous a poussés à développer le concept de l'intelligence neurosensorielle.

AU-DELÀ DE L'INTELLIGENCE ÉMOTIONNELLE

L'intelligence émotionnelle est un concept fondamental qui n'a pourtant été diffusé qu'à la fin du siècle dernier. Auparavant, les émotions n'étaient pas prises en compte et seul le quotient intellectuel avait de la valeur...

Aujourd'hui, force est de constater que même si de nombreuses formations sont proposées pour développer l'intelligence émotionnelle, beaucoup de personnes manquent encore de compétences dans ce domaine...

Pour développer notre intelligence émotionnelle, nous devons développer quatre compétences :
— identifier les émotions dans lesquelles nous sommes ;
— maîtriser les émotions que nous vivons ;
— reconnaître les émotions que vivent nos interlocuteurs ;
— interagir de la bonne façon avec l'émotion de nos interlocuteurs.

Ces compétences nous obligent à être plus lucides sur nous-mêmes et sur ce que nous percevons de nos interlocuteurs. En d'autres mots, il s'agit d'être plus présent à ce qui se passe aussi bien à l'intérieur de nous qu'à l'extérieur...

Mais comment y parvenir et, surtout, quels sont les freins qui vont nous empêcher de développer ces quatre compétences ? Principalement l'éducation que nous avons reçue (encore elle !) qui ne prend pas en compte nos sensations corporelles, souvent perçues comme une faiblesse.

Dans beaucoup de sociétés, les émotions sont considérées comme un peu taboues. On n'exprime pas ses émotions, on ne les explore pas non plus, ni les sensations physiques qui y sont liées.

Et pourtant, le déni et la méconnaissance de nos propres réactions sensorielles sont le principal frein au développement de l'intelligence émotionnelle.

Et qui plus est, de nos jours, dans un monde qui évolue de façon chaotique et de plus en plus vite, le véritable enjeu est d'arriver à non seulement mieux interagir et mieux se maîtriser, mais aussi mieux se diriger et pour cela, la bonne connaissance du fonctionnement du cerveau est un complément inévitable à la reconnaissance de nos sensations corporelles...

Pour être des créateurs de notre réalité à la fois lucides et performants, nous sommes incités à aller chercher, au-delà de la simple gestion des émotions, des outils neurocognitifs et relationnels capables de favoriser la bonne interaction avec soi, avec les autres et avec notre réalité... D'où le concept d'intelligence à la fois neuro et sensorielle.

PENSÉE ET RESSENTI CORPOREL

Paradoxalement, et contrairement à ce que nous avons longtemps cru, **la pensée n'est pas le reflet de notre intelligence**.

Muselée, dirigée et cadenassée par **un ego en résistance**, elle ne permet pas d'apporter des solutions nouvelles et d'aborder l'inconnu... Pire : elle ne fera au contraire qu'augmenter notre stress et diminuer notre lucidité, comme nous vous l'expliquons dans le prochain paragraphe.

En restant dans une démarche purement cognitive, nous pouvons facilement nous couper d'informations essentielles en considérant qu'il est plus facile d'éviter le sujet que de devoir nous confronter à l'inconnu, voire à nos peurs. Alors la pensée tourne en boucle de façon compulsive et le stress augmente au fur et à mesure...

Bizarrement, malgré cette évidence, **nous sommes sans arrêt en train d'essayer de traiter un problème à partir de la pensée, mais rarement à partir de nos sensations corporelles, notre ressenti...**

À ce stade de notre réflexion, posons un axiome essentiel à notre approche :

On ne peut pas en même temps penser et en même temps ressentir.

Par conséquent,

ressentir est un moyen de couper la pensée qui tourne et de se recentrer sur soi.

Alors oui, nous retrouvons notre plein pouvoir lorsque nous revenons au moment présent.

Nous y parvenons en coupant l'intellect, en calmant le mental, cette petite voix qui n'arrête pas de nous parler. Et le moyen le plus simple, c'est d'observer ce qui se passe au niveau des sensations corporelles.

Et c'est alors que la nouveauté peut émerger, grâce à cette différence fondamentale entre pensée et sensations corporelles :

— en observant nos pensées, nous sommes tentés de contrôler la bonne logique du déroulement du processus de réflexion ;

— en observant nos sensations corporelles, nous n'avons pas d'autre choix pour prendre conscience de ce qui se passe en nous que de *focaliser la pensée sur l'observation et la constatation de ce qui se passe en temps réel à l'intérieur du corps*.

PASSER PAR UN RETOUR À SOI

Il est intéressant de constater que les jeunes générations découvrent la sensorialité par le biais de l'ASMR[4], particulièrement actif sur les chaînes YouTube et les réseaux sociaux où nous pouvons trouver pléthore de vidéos dans lesquelles les personnes chuchotent, grattent des objets, froissent du tissu ou du papier, etc., les sensations provoquées ayant la particularité de détendre les internautes.

4. Le terme ASMR signifie *Autonomous Sensory Meridian Response* (réponse autonome sensorielle méridienne) et désigne une sensation agréable pouvant être provoquée par un stimulus sensoriel. La notion d'ASMR qui ne semble pas avoir de réel fondement scientifique est surtout utilisée en référence aux effets de sons évocateurs qui sont censés provoquer ces effets.

La pratique se développe et nous assistons à la naissance de « ASMR lounges », établissements dans lesquelles les clients sont plongés dans des stimuli sensoriels aussi divers qu'inattendus.

Si nous examinons l'ASMR par le biais de l'approche neurosensorielle, nous pouvons mettre en évidence ce qui se passe dans ce processus :

En coupant le mental par la stimulation ou l'observation de nos sensations corporelles :
— nous nous plaçons dans la présence ;
— nous sortons du stress ;
— nous nous relaxons ;
— alors, nous décuplons notre capacité à régler les problèmes ;
— tout en permettant l'émergence de l'intuition et de la créativité.

L'intelligence neurosensorielle nous amène à redécouvrir notre singularité, notre propre chemin, notre puissance intérieure.

Elle nous pousse naturellement à reprendre confiance en ce que nous ressentons sans être contrecarrés par l'influence des regards extérieurs et de ce que l'on nous a appris.

Là où l'enfant s'exprime avec fluidité, l'adulte se pose les questions de savoir s'il est légitime, s'il a le diplôme ou s'il est autorisé à parler de ce qu'il ressent.

Refaire confiance à notre monde intérieur pour nous laisser aller à nos propres intuitions, c'est retrouver selon Spinoza[5] notre troisième

5. Baruch Spinoza (1632-1677), philosophe dont la pensée est particulièrement réétudiée ces temps-ci, aborde la lucidité à travers trois modes de connaissance.

niveau de connaissance en lien avec la joie, c'est dépasser les deux autres premiers focalisés sur l'instinctif et la raison – la logique.

Et c'est alors que l'apport des outils des neurosciences nous permet **d'optimiser les capacités de notre cerveau** à faire émerger de nouveaux points de vue, de nouvelles postures et des solutions nouvelles.

Comment ? Examinons maintenant le lien entre le corps et le cerveau...

CHAPITRE 2

RECONNECTER LE CERVEAU AVEC LE CORPS

LES QUATRE CENTRES DE GOUVERNANCE DU CERVEAU ET LE MÉCANISME DU STRESS

Examinons le modèle élaboré par le docteur français Jacques Fradin durant plus de trente ans d'expérimentation : l'approche neurocognitive et comportementale (ANC).

Le modèle du docteur Jacques Fradin considère qu'il y a quatre centres de gouvernance dans le cerveau : les centres instinctif, grégaire, émotionnel et adaptatif.

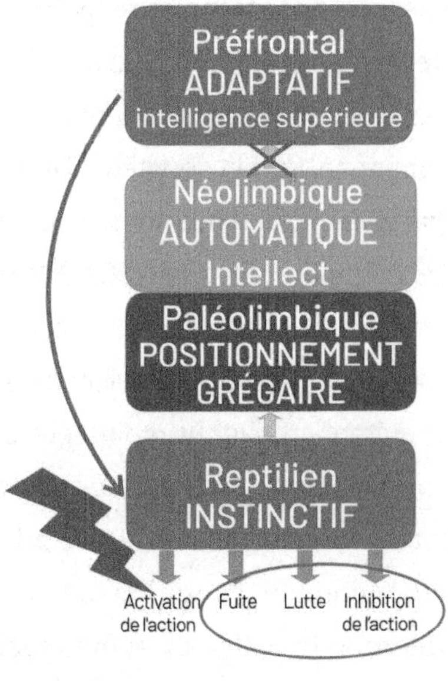

— Le **reptilien** est le *centre de gouvernance instinctif*. Il gère la survie individuelle et génère un état : l'*activation de l'action* pour satisfaire les besoins fondamentaux (boire, manger, se loger, se couvrir, etc.) et trois stratégies de survie en cas de prédateur : la *fuite* (pour s'échapper), la *lutte* (pour se défendre) et l'*inhibition de l'action* (pour se protéger en faisant le mort). Il doit agir rapidement et ne passe pas par la pensée.

— Le **paléolimbique** est le *centre de gouvernance grégaire*. Il gère la survie du groupe et le positionnement social à travers deux axes : rapport de force et de confiance en soi avec le soumis et le dominant, et rapport de confiance en l'autre, avec le marginal et l'axial. Il agit sans véritable raison ; pour garantir la stabilité du groupe, il possède une plasticité neuronale faible et c'est à ce niveau que – dans les excès – nous retrouvons les pathologies psychiatriques majeures – perversion, paranoïa, autodestruction, etc.

— Le **néolimbique** est le *centre de gouvernance émotionnel*. Parfait centre d'apprentissage, il possède une magnifique plasticité neuronale et permet de rapides évolutions à travers de nouveaux apprentissages. Il stocke le résultat des expériences en deux catégories : punition ou récompense. Parfait serviteur, il est idéal pour gérer le connu ; c'est lui par exemple qui vous permet de conduire une voiture sans avoir à réfléchir aux gestes à faire. C'est le siège de l'intellect, du savoir, des croyances et des valeurs, mais aussi des certitudes erronées et des exigences, ce qui peut déclencher stress et émotions. Pour prendre une métaphore avec un ordinateur, c'est le *programme* qui nous gouverne, créé par l'apprentissage et le conditionnement.

— Le **préfrontal** est le *centre de gouvernance adaptative*. Siège de l'intelligence supérieure, de l'intuition, de la créativité et de la sérénité, il reconstitue la réalité en temps réel. Un peu comme l'aigle du haut de son vol, il perçoit tout ce qui se passe chez l'individu et dans son environnement. Parfait pour gérer l'inconnu du fait de son adaptabilité, il est capable d'apporter des solutions qui n'ont pas été apprises par l'intellect (le néolimbique). Pour reprendre la métaphore de l'ordinateur, c'est le *programmeur*, qui est capable de créer de nouveaux programmes, de remettre à jour les plus anciens ou d'injecter des antivirus.

STRESS, ÉMOTIONS ET COMPORTEMENTS

Tant que les deux centres « automatiques » gèrent le connu, tout va bien. Mais la situation se complique quand il faut faire face à l'inconnu ou à l'imprévu, nous devons alors passer en mode adaptatif, faire appel au préfrontal...

Mais l'intellect veut une solution, il aime contrôler et maîtriser ce qui se passe et lorsqu'il est face à une situation difficile, il s'acharne à rester en mode automatique et nous sombrons alors dans une multitude de pensées désordonnées...

De son côté, le préfrontal – qui reconstitue la réalité en temps réel – a immédiatement perçu qu'il est temps de basculer du mode automatique au mode adaptatif, mais la petite voix de l'intuition ne peut rivaliser avec la grosse voix de l'intellect et nous n'entendons pas ses appels...

Alors il doit passer par un autre canal pour nous prévenir, et la seule solution qui se présente est **d'envoyer un ordre au reptilien** pour **activer le ressenti corporel**, et celui-ci nous fait vivre une des **trois formes de stress** : la *fuite*, la *lutte* ou l'*inhibition* – sur le modèle des trois stratégies de survie en cas de prédateur.

Nous pouvons d'ailleurs constater que certaines émotions sont en lien avec les trois formes de stress :

— gêne, anxiété, angoisse et peur pour la fuite ;
— énervement, agacement, colère, agressivité pour la lutte ;
— découragement, tristesse, vision négative, absence de désir pour l'inhibition.

Les trois réactions de stress et les émotions qui y sont associées sont en lien avec des systèmes de protection que nous avons adoptés très tôt dans notre évolution pour rester en vie dans un environnement hostile générateur de sentiments d'insécurité.

Par contre, la posture préfrontale qui favorise la connexion avec soi-même et avec les autres est apparue plus tard dans l'évolution et s'exprime pleinement lorsque nous sommes dans un sentiment de sécurité.

Si nous réfléchissons aux conséquences dans une organisation quelle qu'elle soit, nous pouvons voir à quel point la qualité du climat instauré par les leaders va induire des comportements pouvant varier d'un extrême à l'autre...

TRAVAILLER EN SYMBIOSE AVEC LE CERVEAU

L'idée reçue que nous n'utilisons que 10 % de notre cerveau a longuement circulé, mais nous savons aujourd'hui que nous en utilisons 100 %, même si nous ne l'utilisons pas forcément de la meilleure manière...

Nous avons évoqué le mécanisme du stress, déclenché par le préfrontal pour nous prévenir qu'il est temps de basculer en mode adaptatif lorsque nous sommes face à l'inconnu ou l'incertitude.

Mais examinons d'un peu plus près une zone du cerveau qui joue un rôle majeur dans notre relation à l'environnement : *l'hippocampe*.

L'hippocampe participe grandement à notre rapport à l'incertitude ; zone essentielle pour la mémoire et l'apprentissage, « il code le degré d'incertitude lié à l'obtention ou non d'une récompense », comme vient de le démontrer une équipe de chercheurs français[6].

Il est donc intimement lié au *circuit de la récompense*, le circuit nerveux qui envoie une sensation de plaisir et de satisfaction quand il y a récompense ; mais attention, récompense ne veut pas dire bonheur.

Le plaisir immédiat est lié à un pic de *dopamine* – un neurotransmetteur « excitateur » – mais il faut chaque fois une nouvelle expérience pour retrouver l'intensité du premier pic. Si l'expérience est identique, l'intensité sera moindre, et nous entrons alors dans un cercle vicieux « accoutumance/déception » à l'origine de toutes les addictions : sucre, nourriture, cigarette, drogue, jeux vidéo, sexe, douleur, etc.

Nous pouvons donc considérer que le plaisir immédiat et éphémère peut être l'ennemi du bonheur puisqu'il nous projette dans la souffrance de l'addiction.

Le véritable bonheur est en lien avec la *sérotonine*, le neurotransmetteur impliqué dans le sentiment de plénitude et de contentement.

6. Giovanna Vanni-Mercier et son équipe du Centre de neuroscience cognitive (CNRS/Université Lyon 1), en collaboration avec l'équipe médicale d'épileptologie de l'Hôpital neurologique de Lyon. Publiés le 22 avril 2009 dans *Journal of Neuroscience* (source : Centre national de la recherche scientifique en France).

Lorsque vous avez une interaction sociale avec quelqu'un, l'échange de regards avec cette personne active vos neurones dits « miroirs » – les neurones de l'empathie – et génère de la sérotonine.

Mieux encore, en interrelation avec l'autre, nous générons de l'*ocytocine*, l'hormone de l'amour, du lien social et de la spiritualité.

Nous avons donc tout intérêt à faire en sorte d'activer le bon neurotransmetteur, ce qui se fait dans ce que nous appelons la dynamique du cœur, que nous évoquerons au chapitre 3.

COMMENT LIBÉRER LE PLEIN POTENTIEL DE NOTRE CERVEAU

Lorsque nous sommes stressés, nous générons du cortisol, une hormone qui se libère alors pour nous procurer de l'énergie. Mais le cortisol a un impact négatif sur l'hippocampe dont il détruit les cellules, entraînant stress chronique et dépression.

Lorsque nous avons peur, un certain nombre d'informations sensorielles parviennent directement à l'amygdale limbique qui s'active alors. Elle est en lien étroit avec l'hippocampe pour ce qui concerne le stockage des sentiments – renforcer le souvenir codé. Mais en cas d'activation prolongée, elle peut, elle aussi, avoir un impact négatif sur l'hippocampe.

Dès lors, pour revenir à un fonctionnement optimal de notre cerveau, nous devons couper court au stress et à la peur ; et le chemin le plus rapide est de revenir à la sensorialité.

Comme nous le reprendrons au chapitre 3, l'intelligence neurosensorielle entraîne des paradoxes, des inversions à opérer dans nos habitudes, comme une nécessité de regarder les choses à l'envers...

Pour ce qui concerne le cerveau, l'inversion à faire, c'est de passer du « faire pour avoir » à « la sensation d'être ».

Quand nous sommes dans le « faire », la fatigue et le stress nous affaiblissent, et pourtant nous continuons coûte que coûte. Nous entretenons un mode de fonctionnement inefficace et des réflexes inopérants dans un environnement de plus en plus exigeant.

Si nous nous comparons à des sportifs qui passent dans la division supérieure, le jeu change de niveau et nous devons changer nos habitudes, parce que les petites erreurs au rang des amateurs vont être lourdes de conséquences à haut niveau...

Dès lors, au lieu de chercher des sensations fortes liées au plaisir pour nous sentir exister, nous devons simplement nous mettre à l'écoute de ce qui se passe en nous pour comprendre que nous « sommes vivants » :

Nous existons déjà et l'intelligence du vivant s'exprime à travers nous.

En revenant à la sensation d'être, dans cette écoute de nos sensations, nous récupérons notre pouvoir, notre lucidité et nous pouvons mieux faire, mieux agir avec plus d'impact et de performance.

LE POUVOIR DE L'INTELLIGENCE NEUROSENSORIELLE

Les neurosciences nous apportent des outils performants, mais à notre connaissance, *il n'existait pas jusqu'à présent de méthode qui incorpore le cerveau, le corps et la sensorialité*.

L'apport de la sensorialité est fabuleux dès qu'il s'agit de permettre au préfrontal – le mode adaptatif de notre intelligence supérieure – de faire son travail. Car en pratique, nous devons arriver à ce que l'intellect donne la permission de basculer dès qu'il perçoit ses limites, et nous devons l'éduquer pour cela.

Pour l'éduquer, nous devons pousser notre intellect à dépasser la barrière des peurs nourries par le savoir conditionné, et nous disposons pour ce faire de deux portes d'entrée :

— les neurosciences, qui utilisent des outils cognitifs pour le faire boguer ou le distraire ;
— la sensorialité, qui place notre intellect dans une posture d'écoute de ce qui se passe au niveau corporel.

Indéniablement, la deuxième porte est de loin la plus rapide pour permettre au préfrontal de s'exprimer et de nous apporter sa créativité, son adaptabilité et des solutions que l'intellect ne pourra jamais nous apporter.

EN RÉSUMÉ

Après vous avoir donné toutes ces informations, voici un petit récapitulatif du mécanisme qui se met en place entre le corps et le cerveau et de la façon d'optimiser notre intelligence neurosensorielle.

Notre intelligence supérieure (le préfrontal) **nous prévient de la nécessité de changer de mode mental par le moyen du stress et des émotions qui s'expriment à travers notre ressenti corporel**...

D'où une première conséquence :

Un des premiers bénéfices majeurs de l'intelligence neurosensorielle est de **savoir en temps réel si notre vision d'une situation est adéquate ou inappropriée**.

Nous devons simplement observer si notre ressenti corporel est de type crispé, neutre ou parfaitement détendu.

Allons un peu plus loin...

En poussant un peu plus l'introspection et l'analyse de nos sensations corporelles, nous pouvons facilement mesurer notre qualité d'énergie selon cinq critères que nous vous proposons :

— **Waouh** : l'enthousiasme et la joie ;
— **Miam** : le plaisir et la dégustation de l'instant ;
— **Il faut** : la contrainte de la mise en mouvement ;
— **Bof** : la nécessité de se forcer à quelque chose qui nous déplaît ;
— **Berk** : le rejet et, en même temps, un signe qu'il est temps de passer à autre chose.

Et ensuite ?

Une fois cette première lecture de notre état intérieur, nous pouvons utiliser les protocoles de mise en pratique de l'intelligence neurosensorielle que vous découvrirez dans le chapitre 4 et qui vont vous permettre de modifier votre état intérieur et de faciliter l'émergence de solutions.

ET EN PRATIQUE ?

Tout part de l'observation de nos sensations corporelles, que nous qualifions sans aucun doute de meilleur guide – **notre meilleur guide**.

Dès qu'elles se ferment et que nous rentrons dans des énergies « il faut », « bof » ou « berk », notre ressenti se contracte et se ferme, signe impératif que nous n'avons d'autre choix pour retrouver la sérénité que de changer de mode de pensée.

Au contraire, lorsque nos sensations sont ouvertes et détendues, c'est le signe que nous sommes sur le bon chemin, dans la bonne posture.

En changeant de mode de pensée, nous entrons dans une dynamique **d'acceptation** et **d'accueil** de notre propre vécu face à l'inconnu.

Alors le stress disparaît immédiatement, le mental se calme et ce vide intérieur permet l'émergence de l'intuition, le changement de point de vue et l'émergence de solutions.

En fait, nous sommes face à une magnifique invitation à **changer d'unité de référence par rapport à notre évolution**.

La question fondamentale que nous devons nous poser à tout instant n'est plus :

« Qu'est-ce que je gagne, combien je pèse ou quelle distance me reste-t-il à parcourir ? », mais plutôt :

« **Que me disent mes sensations corporelles/mon ressenti ici et maintenant ?** »

Cette simple question nous donne immédiatement accès à notre poste central de commandement et nous pouvons, en quelques secondes :

— faire le point ;
— évaluer la pertinence de notre position ;

— décider du cap à donner ;
— et agir immédiatement sur le gouvernail qui nous conduit à notre bonne destination.

Au fur et à mesure, nous développons notre maîtrise dans **l'art d'être présent à ce qui se passe**, aussi bien dans notre intériorité que dans les situations que nous vivons.

Mieux encore : toutes les nouvelles expériences sont gravées sur le « disque dur » de notre cerveau par notre intelligence générale – compréhension et mémoire. Elles réactualisent les programmes les plus anciens et détruisent les « virus ».

Nous créons de nouveaux mécanismes, nous renforçons notre capacité à écouter de mieux en mieux nos sensations corporelles et à adopter la posture adéquate face à n'importe quelle situation...

Que diriez-vous d'être capable de faire le point à tout instant, reprendre votre pouvoir d'action sur toute situation, retrouver une belle énergie intérieure et faire confiance à ce que la vie vous apporte ?

Dans le prochain chapitre, nous allons détailler en pratique les bonnes raisons de développer notre intelligence neurosensorielle...

CHAPITRE 3

POURQUOI DÉVELOPPER L'INTELLIGENCE NEUROSENSORIELLE

INTELLIGENCE NEUROSENSORIELLE ET AGILITÉ

Imaginez la vie comme une course de fond en pleine nature. Il y a des obstacles à franchir, des rivières à suivre, des montagnes à gravir et des déserts à traverser, et vous êtes le sportif qui a pour objectif d'atteindre l'arrivée dans les meilleures conditions, et si possible bien placé.

Pour cela, vous avez besoin de vous investir, d'être lucide, de vous sentir motivé pour avancer et d'être confiant, et ces quatre qualités vont faire de vous la personne capable d'anticiper les difficultés et d'éluder l'imprévu ; en un mot, d'être agile face à toutes les situations que vous rencontrerez.

Être agile n'est pas juste une expression à la mode dans le milieu de l'entreprise ; c'est la condition *sine qua non* pour vivre sa vie dans les meilleures conditions.

Être agile, c'est ce que nous apporte l'intelligence neurosensorielle, et nous allons vous expliquer en quoi et comment.

NOUS SOMMES DE FORMIDABLES HANDICAPÉS DE LA SENSORIALITÉ

L'intelligence neurosensorielle est une posture, une façon différente de se lire et de lire les événements qui se produisent. Elle est innée chez tout être humain à la naissance, mais les circonstances de la vie nous en privent dans la majorité des cas.

Où en sommes-nous de nos compétences sensorielles ?

Nous serions tentés de répondre « au point zéro », même si depuis quelques années l'expression du ressenti prend sa place petit à petit dans le langage des personnes qui cherchent à mieux se connaître et que nous assistons aussi de plus en plus à l'apparition de littérature sur le sujet.

Mais pour la grande majorité de personnes à qui nous posons la question « qu'est-ce que le ressenti ? », nous n'obtenons qu'un regard interrogatif, au mieux une réponse évasive, mais rarement en rapport avec nos sensations corporelles.

Si vous avez trente ans ou plus – ou même si vous êtes plus jeune –, avez-vous entendu au cours de votre apprentissage de la vie une personne de votre entourage évoquer les sensations corporelles ?

Mis à part « j'ai mal au ventre, ou à la tête, j'ai une crampe ou j'ai envie de vomir », nous n'avons pas reçu beaucoup de vocabulaire pour décrire les subtilités des informations sensorielles.

Jusqu'à il y a peu, personne ne nous a appris à écouter le langage de notre corps et pire, *tout a été fait pour l'ignorer et l'oublier*.

Les émotions sont taboues ; pour nos parents et enseignants, l'expression de la tristesse, de la colère, voire de la joie, ne fait pas partie d'un comportement poli et n'est pas synonyme de bonne éducation.

Pire encore : l'enfant de quatre ans qui voit sa maman pleurer et lui demande : « Pourquoi es-tu triste, maman ? » se verra fréquemment répondre : « Mais non, tout va bien, je ne suis pas triste ! », ce qui ne fera qu'amoindrir la capacité de l'enfant à identifier les émotions et les comportements liés.

Ce tabou des émotions et les mensonges récurrents qui en découlent sont de formidables obstacles à notre capacité de décrypter les signaux que nous envoient nos sensations corporelles et font de nous en grande majorité de formidables handicapés de la sensorialité...

INTELLIGENCE ET EGO

Intégrer l'intelligence neurosensorielle c'est adopter une posture qui nous permet de nous détacher de l'ego.

En effet, ce dernier pose des importances et se fixe sur des résultats à obtenir impérativement pour satisfaire des besoins ou éviter des peurs issues de son conditionnement... Et pour se sentir exister, il impose ses exigences, sa fierté, ses jugements, sa routine, son simplisme et ses certitudes.

Impossible dans ces conditions de rester lucide et présent. L'ego présuppose, impose, juxtapose, entrepose, surexpose sans jamais faire de pause... Alors le mental rumine, fulmine, prédétermine, se mine et récrimine sans aucune discipline...

Soumis à ces deux tyrans, l'être humain n'a plus d'intelligence et se referme tel un bulbe privé de sa lumière... L'intellect est roi, le contrôle est activé et l'intuition est mise en veilleuse. L'émotion est malvenue, car avec autant de pression elle ne peut que déborder...

Nous devons alors adopter une posture qui nous permet d'observer le travail de sape de l'ego pour ensuite le rassurer, l'apprivoiser. Ainsi, nous nous permettons plus de lucidité, une meilleure maîtrise de nous-mêmes en toutes circonstances et l'expansion de notre empathie.

Adopter cette « posture intelligente » présuppose d'être capable de reconnaître et d'interpréter les signaux que nous envoie le corps et de faire en sorte de maintenir notre présence à ses messages. Rassurez-vous, nous vous proposons dans de prochains chapitres des outils et une façon de faire.

LA BONNE POSTURE POUR L'INTELLIGENCE NEUROSENSORIELLE

Quelle est donc cette posture qui permet de développer l'intelligence émotionnelle, une posture qui lui permette à la fois la lucidité, la présence et la vision ? En fait, c'est une posture qui en inclut plusieurs autres :

La posture du non-sachant, qui fait appel à l'humilité – reconnaître que nous ne savons pas tout et que nous avons toujours à apprendre d'une situation et des autres.

La posture du liant, qui fait appel à la bienveillance – reconnaître l'autre comme une personne à part entière tout en étant curieux de la bonne qualité de la relation.

La posture consciente, qui fait appel à la présence (présence à soi et à ce qui se passe).

— La présence à soi pour observer nos pensées et décrypter les messages de l'intuition à travers les signaux sensoriels que nous envoie le corps.

— La présence à ce qui se passe autour de soi – les signes avant-coureurs, les comportements, les événements imprévus, etc.

La posture alignée, qui fait appel à la confiance, celle qui s'acquiert dans l'élan psychologique à travers une succession de petites victoires où l'on augmente petit à petit les défis.

La posture ouverte, qui fait appel à l'acceptation – accueillir ce qui arrive sans essayer de modifier l'expérience, de façon à récolter l'information la plus vraie et pouvoir apporter la bonne réponse, sans les parasites issus de l'intellect.

La posture authentique, qui fait appel à la vulnérabilité – accepter et explorer nos sensations corporelles, quelles qu'elles soient, même si nous nous sentons blessés, dénigrés, victimes, puisque c'est à partir de ce que nous vivons que nous observons notre vécu pour ensuite changer notre état intérieur.

La posture du don, qui fait appel à la dimension du cœur – ce qui sous-entend que nous aimons ce que nous faisons tout en enseignant aux autres ce que nous avons appris.

La posture de l'accompagnant, lorsque nécessaire – comprendre comment l'autre pense et comment il perçoit les événements qu'il vit de manière à l'accompagner dans son épanouissement.

Ces postures peuvent conduire à des paradoxes : être à la fois dans l'écoute et l'affirmation, dans la confiance et dans l'humilité, dans la puissance et dans la vulnérabilité, dans la bienveillance et dans le respect de soi.

Mais au-delà de ces polarités opposées, l'essentiel est d'être capable d'évoluer de façon agile entre chacun de ces extrêmes pour être dans le « juste milieu », c'est-à-dire adopter une position juste et adaptée à la situation que nous vivons.

DEVENEZ LA VERSION SUPÉRIEURE DE VOUS-MÊME

Développer l'intelligence neurosensorielle, c'est devenir la version supérieure de soi-même en tant que créateur de notre réalité. Nous décuplons nos compétences, nos ressources internes et nos capacités à gérer les différents paramètres de toute situation avec dextérité.

Voici une liste non exhaustive des avantages que procure l'intelligence neurosensorielle :

1. Une meilleure conscience de soi

Apprendre à écouter notre corps nous permet d'être plus conscients de ce qui se passe en soi dans le moment présent, car tout se passe à travers soi... Nous connecter à nos sensations corporelles déconnecte l'intellect ; la pensée se met au service de l'observation du ressenti et nous ne sommes plus « séparés » de ce qui se passe.

Le philosophe Henri Bergson[7] évoque *la pensée qui nous empêche d'appréhender la vie et le mouvant, car la pensée divise* ; elle nous sépare du présent en cataloguant les éléments avec des mots. La pensée fige l'expérience là où les sensations corporelles nous la font vivre.

7. Henri Bergson : philosophe français né le 18 octobre 1859 et décédé le 4 janvier 1941 à Paris. Prix Nobel de littérature en 1927, son œuvre est étudiée dans différentes disciplines : cinéma, littérature, philosophie, neuropsychologie.

2. Une meilleure maîtrise de soi, peu importe les circonstances

Lorsque nous sommes dissociés corps/intellect, tout événement qui nous met face à de l'inconnu provoque une réaction de l'intellect qui peut facilement nous placer en position défensive. S'en suivent stress et émotions comme nous l'expliquons au chapitre 1.

Se connecter au langage du corps recrée le lien entre le corps et l'esprit ; il n'y a ni séparation ni distance et nous sommes conscients de la façon dont nous appréhendons la situation.

Il ne nous reste plus qu'à définir notre intention et nous poser les bonnes questions pour vivre la situation comme une expérience à travers laquelle nous nous enrichissons.

3. Plus de fluidité dans la façon d'appréhender les obstacles

Observer les messages du corps face à un obstacle nous aide à l'accepter et à le traverser avec agilité. Nous observons les conséquences de l'obstacle sur notre vécu sensoriel et l'intellect se tait.

Cette acceptation de « ce qui est » au niveau sensoriel nous ouvre à un vécu différent de l'expérience ; le préfrontal en action éveille notre curiosité et renforce notre confiance en notre capacité de nous adapter.

Nous verrons dans le chapitre suivant les protocoles qui permettent de retrouver notre sérénité, d'accueillir l'inconnu avec confiance et de vivre l'expérience tout en restant connecté au corps.

4. Identifier et orienter notre intention

Une fois que nous avons pris conscience des conséquences de notre interprétation d'une situation sur notre vécu sensoriel et psychique, l'intelligence neurosensorielle nous invite à « orienter notre intention » pour nous assurer que nous sommes bien dans une dynamique d'ouverture et non de résistance face à l'inconnu.

Nous pouvons alors utiliser notre corps pour nous placer dans une énergie de cœur et d'enthousiasme et renforcer notre motivation, en lieu et place d'une énergie de peur ou de rejet. Là encore, les protocoles du chapitre suivant nous expliquent comment faire.

5. Prendre la bonne décision à tout instant

Pour cette compétence, nous vous invitons à faire la différence entre choix et décisions. Le choix, c'est la réponse que nous apportons à chaque instant à toute situation. La prise de décision détermine les grands axes que nous allons suivre dans notre vie – se mettre en couple, choisir une entreprise, déménager, etc.

— Savoir choisir, c'est être capable de décider de notre interprétation d'une situation en passant d'un mode mental réactif et automatique à un mode mental adaptatif. C'est utiliser la pleine puissance de notre libre arbitre, débarrassé des scories de l'intellect.

— Savoir prendre une décision est un processus cognitif qui active nos capacités préfrontales. Ce processus favorise la bascule en mode mental adaptatif pour nous permettre :
  – d'accepter l'incertitude ;
  – d'accepter le risque de l'échec ou de la réussite ;
  – de stabiliser la décision pour être capable de la soutenir face à des détracteurs ;
  – et pour terminer, d'utiliser le protocole 11 (NeuroSens Intuition, cf. chapitre 4) pour confirmer *via* les sensations corporelles la décision que nous avons prise par un processus cognitif.

Un élément fondamental pour nous assurer que nous prenons la bonne décision : nos sensations corporelles. La bonne décision n'est plus un choix mental ; c'est une évidence qui s'impose à travers toutes les cellules du corps et qui nous place dans une énergie d'enthousiasme.

6. Augmenter notre confiance en soi

Comme nous l'expliquons au chapitre suivant, nous avons défini quatre axes pour activer l'intelligence neurosensorielle[8], et le premier axe est celui de la responsabilité. Il nous permet de comprendre que nous sommes « propriétaires » de l'interprétation que nous donnons aux situations et de la réponse que nous apportons. C'est comme prendre conscience que nous sommes à l'origine des successions de causes et d'effets qui constituent notre réalité.

À partir de cette première évidence, nous allons explorer – le second axe – ce qui se passe à l'intérieur, mais aussi à l'extérieur de nous, et au fur et à mesure, nous allons constater le lien entre notre état intérieur et les événements qui se produisent dans notre réalité.

De fait, nous reprenons notre pouvoir de créateur de notre réalité et augmentons notre confiance en nous à travers chaque expérience que nous vivons. Nous considérons nos peurs différemment et jouons avec l'intelligence du vivant.

7. Augmenter notre estime de soi

Au fur et à mesure que nous expérimentons les quatre axes, nous affinons notre connaissance de nous-mêmes. Nous nettoyons

8. Responsabilité, exploration, motivation et confiance.

grâce à la sensorialité des charges émotionnelles négatives et réactualisons « les programmes » de notre cerveau, en enlevant tous les bugs – croyances limitantes, exigences, et le poids de notre vécu.

Mieux encore, nous percevons avec plus d'acuité ce qui se passe chez l'autre et développons notre empathie. Ce que nous apprenons sur l'autre a un impact sur nous. Nous nous comprenons mieux, nous nous libérons du regard de l'autre, nous développons notre empathie envers nous-mêmes, nous faisons grandir le sentiment de gratitude et rehaussons inexorablement notre estime de soi.

8. Prendre notre place

Augmenter son estime de soi et sa confiance en soi nous permet de poser des limites, mais fondamentalement, en pratiquant l'intelligence émotionnelle, nous sommes en permanence à l'écoute de ce que nous dit le langage du corps, notre meilleur guide. Alors, dès que nous nous sentons légèrement contractés ou en résistance, nous avons le choix que nous permet le libre arbitre : vivre avec ou changer ; accepter l'intrusion et vivre l'expérience, ou poser des limites.

Si la difficulté à prendre notre place provient de moments particuliers vécus durant l'enfance (par exemple le fait d'avoir été frappé par ses parents), cela peut avoir généré des charges émotionnelles négatives. Dans cet exemple, travailler avec le protocole 13 NeuroSens Polarité sur « prendre sa place » et « ne pas prendre sa place », ou « ne pas s'affirmer », réduit ces charges émotionnelles et nous redonne une liberté fluide et naturelle.

9. Maîtriser une communication gagnante

L'art des grands communicateurs est une merveilleuse clé pour la réussite. Vous n'avez pas 50 % d'influence sur une conversation à deux, mais quasiment 100 %. Les outils de la neurosensorialité en ce qui concerne la communication tiennent compte de la chronologie des quatre centres de décision du cerveau ; le but est de sortir la personne de son stress (1er étage – gouvernance reptilienne) ou de sa mauvaise foi (2e étage – gouvernance grégaire) pour, à partir de l'intellect (3e étage – mental), le faire basculer dans le mode adaptatif préfrontal (4e étage) et lui demander sa solution jusqu'au moment où le consensus gagnant/gagnant est atteint.

Tout au long de ce processus, nous restons connectés à nous-mêmes, observateurs de notre état intérieur – pensées, émotions, sensations corporelles – que nous gérons en temps réel.

10. Nous enrichir de nos relations avec les autres

Au-delà de la communication gagnante, nous créons une véritable relation à long terme, riche et constructive puisque notre interlocuteur se sent écouté, reconnu et entendu. Nous offrons une nouvelle forme de présence à l'autre dans laquelle nous sommes curieux, désireux de le comprendre et de visualiser son potentiel.

Comme l'affirme Phillipe Gabilliet[9], la chance, c'est la capacité à gagner des concours de circonstances, et l'une des conditions est d'agrandir notre réseau et de connecter les personnes entre elles.

9. Phillipe Gabilliet, né à Bordeaux (France) en 1958, docteur en sciences de gestion, en analyse politique approfondie à Sciences-Po Bordeaux ; directeur scientifique du European Executive MBA, professeur de Leadership à ESCP Europe et auteur.

Avec la posture et les pratiques de l'intelligence neurosensorielle, les seuls « ennemis » qui restent seront ceux qui vous jalousent ou dont l'ombre ne les autorise pas à faire comme vous. Et même si vous vous retrouvez face à eux, connecté à vos sensations corporelles, vous restez maître de vous-même et faites les choix les plus adaptés pour gérer la relation.

AUGMENTEZ VOTRE CHARISME ET VOTRE LEADERSHIP

Les compétences personnelles évoquées ci-dessus s'appliquent naturellement dans le domaine en management et du leadership.

Lorsque nous activons les quatre axes de l'intelligence neurosensorielle (cf. le chapitre suivant), nous « interrogeons notre intention » (le troisième axe) de manière à vérifier si nous sommes dans une dynamique de contrainte ou d'enthousiasme et à favoriser le travail avec le cœur.

Le cœur, c'est une posture qui combine des qualités paradoxales : à la fois l'assurance liée à notre confiance et notre estime de soi, et l'humilité liée à la conscience de notre vulnérabilité et de l'impermanence des choses.

Le cœur, ce sont aussi des valeurs de management qui intègrent trois ressources :

— la capacité de s'orienter et d'orienter ;
— la capacité de se relier et de relier ;
— la force de faire face et de traverser les épreuves avec agilité.

Alors le leader est plus fort et gagne en charisme pour plusieurs raisons :

— il est présent à chaque instant ;
— il n'impose rien tout en gardant le cap ;
— il donne la liberté à chacun de s'exprimer par une écoute sans jugement ;
— il facilite les initiatives tout en ayant fixé les règles ;
— il sait manager avec bienveillance et obtenir l'implication de tous ;
— il sait galvaniser l'équipe en fêtant les succès et en remerciant ses collaborateurs ;
— il a appris à optimiser la délégation et le bon déroulement des tâches[10] ;
— il sait naviguer dans l'incertitude avec lucidité et agilité ;
— il apporte une nouvelle vision de l'organisation ;
— il sait se vendre et vendre ses idées ;
— il a une grande influence et participe au changement viral de la culture d'entreprise ;
— et bien d'autres choses encore.

Les résultats en termes de performance et de résilience au niveau de l'organisation sont du même ordre :

— meilleure cohésion ;
— comportements constructifs ;
— meilleure communication interne ;
— amélioration des processus internes ;

10. La biosystémique est une approche développée par le Dr Jacques Fradin qui permet d'équilibrer pouvoir et responsabilités, de favoriser la bonne circulation de l'information et d'optimiser la délégation en tenant compte du cœur de fonction de chacun. Elle fait partie des outils que nous enseignons au sein de l'approche neurosensorielle.

— amélioration des compétences adaptées par rapport à la stratégie de l'entreprise ;
— meilleure agilité ;
— apparition d'une entreprise « consciente » ;
— instauration d'une énergie enthousiaste et positive tournée vers le succès.

Imaginons maintenant une situation extrême que pourrait rencontrer le manager : il a eu beau appliquer tous les protocoles et tous les outils de l'approche neurosensorielle, mais aucune solution n'émerge et la situation est bloquée...

Certes, il a remarqué cette légère contraction sensorielle, il a examiné, il a investigué, il a interrogé son intention, mais non, la solution n'est toujours pas là...

Eh bien, à ce niveau de gestion de soi, le leader a pu à maintes reprises vérifier les bénéfices qu'il retire à faire confiance à l'intelligence du vivant, et de fait, il accepte l'absence de solution comme une nouvelle situation.

Il sait que dans le cas contraire, s'il retombait dans une posture de non-acceptation, il ne ferait que générer à nouveau du stress qui se manifesterait au niveau sensoriel et l'inviterait alors à accueillir, accepter et lâcher prise...

Pour un manager, comme pour tout être humain, l'intelligence neurosensorielle initie un merveilleux processus de gestion optimale de soi à tous les niveaux de l'être – corporel, émotionnel, interrelationnel, décisionnel et spirituel (y compris dans le sens que l'on donne à ce que l'on fait de notre vie).

Et comme la vie est une source infinie d'opportunités de mieux nous connaître, ce chemin n'est jamais terminé, mais peu importe – ce n'est pas l'atteinte du but qui apporte le bonheur, mais plutôt le fait d'être sur le bon chemin...

Maintenant que nous avons fait le tour des apports de l'intelligence neurosensorielle, voyons comment la développer.

CHAPITRE 4

COMMENT DÉVELOPPER L'INTELLIGENCE NEUROSENSORIELLE

LE PARADOXE DE L'INTELLIGENCE NEUROSENSORIELLE

Si vous connaissez la série Star Trek et plus particulièrement Monsieur Spock, vous savez qu'il est issu d'une relation entre une mère humaine et un Vulcain. La particularité des Vulcains est d'avoir appris à se couper de leurs émotions et de la douleur au prix d'une discipline mentale stricte et pour éviter de retomber dans leur instinct guerrier.

Dans un des nombreux épisodes, on propose à Spock de se faire implanter une puce pour pouvoir faire l'expérience d'une émotion dans un bar où, par définition, beaucoup d'émotions sont vécues. Arrivé au bar, il goûte une boisson et ressent la sensation de vouloir rejeter le breuvage. Lorsqu'on lui explique qu'il s'agit du dégoût, il redemande immédiatement un autre verre pour mieux comprendre ce qui se passe et mieux apprécier le dégoût, alors que toute autre personne dans cette situation aurait préféré éviter de renouveler l'expérience.

C'est la même chose pour l'intelligence neurosensorielle : nous devons inverser notre façon de faire.

Dans la vie courante, nous sommes dans une dynamique de projection. En catégorisant ce qui se passe avec des étiquettes mentales, nous figeons nos perceptions et – même si nous n'en sommes pas conscients – nous ne les vivons pas.

Pour retrouver la sensation de vivre et le bien-être qui va avec, nous allons savourer un délicieux repas, déguster un bon verre, ressentir le soleil ou l'eau lors des vacances, faire l'amour, etc. En fait, nous allons vivre des sensations corporelles quasiment absentes ou non perçues dans notre quotidien.

Si nous prenons l'exemple d'un coureur sportif, il est « efficace » lorsqu'il est présent dans son corps, dans ses sensations ; d'ailleurs, vous avez sans doute entendu plusieurs fois des sportifs évoquer des baisses de performance avec la phrase « j'ai du mal à retrouver mes sensations ».

C'est un fait indéniable, la sensorialité nous permet de nous sentir vivants, de vivre pleinement dans notre corps ce qui se passe à l'extérieur et d'optimiser notre performance.

Alors, comment inverser notre façon de faire ? C'est simple :

Il nous suffit de revenir dans le présent grâce à nos sensations corporelles et à nous remettre en mouvement à partir de là, au lieu d'analyser le présent avec des étiquettes mentales et de prendre nos décisions dans notre mode mental automatique.

Ce qui se passe alors est de l'ordre de la fluidité, de l'évidence ; l'intuition s'exprime et nous nous affirmons, mais il y a une condition : cela suppose d'être plus intime avec nous-mêmes ou avec les autres – de pouvoir se parler de TOUT ce que l'on vit sans rien rejeter, sans se mentir, sans rentrer dans ce que nous appelons les comportements B.A.R.J.O. :

— B pour bannir, rejeter ce qui se passe, le déni de ce qui est, l'ignorance volontaire des problèmes réels ;
— A pour agresser, accuser, pointer le doigt vers l'autre et le juger ;
— R pour râler, comme lorsque l'on se sent victime d'un système, d'une personne ;
— J pour se justifier, lorsque l'on se sent coupable de ne pas avoir bien fait ;
— O pour orgueil, la sensation de tout savoir et de ne rien avoir à apprendre de la vie, mais aussi O pour l'oubli que nous sommes bien plus que ce que nous pensons être.

L'AUTHENTICITÉ, UNE POSTURE NÉCESSAIRE

Les comportements B.A.R.J.O. sont le reflet du déni de notre vulnérabilité. Ils sont issus de la peur, qui elle-même nous plonge dans la résistance.

Par exemple, la principale difficulté que nous pouvons rencontrer dans des entreprises et organisations est le non-accueil de ce qui se passe au niveau du ressenti ; un peu comme si le mental coupait tout ce qui pourrait être perçu comme de la faiblesse.

La peur à l'origine de cette coupure nous empêche de faire confiance à notre propre potentiel. C'est un mouvement projectif qui nous pousse à regarder à l'extérieur – à nous focaliser sur un danger potentiel – et nous déconnecte de notre intériorité.

Dans le cadre de l'intelligence neurosensorielle, nous considérons la peur comme une invitation à aller rencontrer ce qui est en train de se passer à l'intérieur de nous ; tout comme Monsieur Spock, rencontrer, toucher, expérimenter, vivre, déguster, apprécier, voire « aimer » ce qui se passe.

Olivier évoque comment il a vécu le décès brutal d'une personne. « Tanya Sakovich était une personne avec laquelle je vivais une belle relation professionnelle et amicale ; elle est décédée subitement dans un accident de la circulation. Durant les deux journées qui ont suivi, j'ai décidé d'aller vivre pleinement les sanglots qui me secouaient compulsivement et j'ai pu alors découvrir la beauté de notre relation et de ce que nous avions créé ; j'ai ressenti l'amour et la reconnaissance que je portais à cette personne et j'ai trouvé cela beau. Qui plus est, au lieu de me placer en résistance dans le refus de l'événement, je me suis autorisé à aller explorer consciemment cette intimité avec moi-même, et j'ai ainsi libéré toute l'énergie du choc de sa disparition. J'ai pu traverser le deuil de façon plus sereine. »

Et voilà le paradoxe : partez du principe que lorsque vous avez des problèmes, nous vous proposons d'aller les rencontrer, de ne plus les éviter – les rencontrer vraiment, intimement, à travers votre sensorialité.

Dites-vous bien que *les difficultés que vous vivez sont issues de rencontres avec vous-même que vous n'avez pas encore faites*, sinon elles auraient disparu.

Par exemple, la peur de l'échec à l'examen peut être liée à la croyance « c'est important de faire des études » ; c'est mental, notre conditionnement – l'extérieur – parle pour nous et génère cette peur.

Alors que si nous explorons notre ressenti, il y a une intelligence – l'intuition – qui ressent les choses et qui nous ramène à ce qui est bon pour nous, à notre propre savoir, à notre connaissance intime de nous-mêmes : « Même si j'échoue à cet examen, je serai toujours capable de me créer une vie heureuse. » D'ailleurs, les hommes les plus prolifiques de la planète ne sont-ils pas ceux qui ont fait assez peu d'études ?

SE POSER LES BONNES QUESTIONS

Plus on se rencontre, plus on se renforce et plus les difficultés trépassent – le processus d'acceptation se fait.

Mais, que l'on soit manager, vendeur, ou simplement un être humain, comment aller à la rencontre de soi quand on vit une situation difficile ?

Ce n'est pas évident – plus la peur est là, moins c'est facile.

Face à la peur, nous cherchons des références connues pour nous rassurer au lieu de nous poser les bonnes questions :

« Est-ce que ça me touche ou pas ? Et à quoi puis-je voir au niveau de mes sensations corporelles que je suis touché ? »

Ce questionnement vers soi, c'est la véritable affirmation de soi, c'est aussi le préliminaire indispensable à l'activation de l'intelligence neurosensorielle.

En nous questionnant nous-mêmes, nous faisons appel à une connaissance qui nous appartient au lieu de suivre ce que les autres nous ont toujours dit.

En nous questionnant sur ce que nous ressentons, nous ouvrons en grand la porte de l'intuition, ce qui nous fait rentrer dans une dynamique créative.

Mais il y a une chronologie à respecter, des étapes essentielles pour adopter la posture favorable à l'intelligence neurosensorielle.

Comme nous l'avons évoqué dans le chapitre précédent, nous avons défini quatre axes successifs qu'il est nécessaire de vous exposer avant d'explorer les protocoles neurosensoriels dans le chapitre suivant.

LES QUATRE AXES DE L'INTELLIGENCE NEUROSENSORIELLE

Nous avons modélisé le processus de travail à partir de notre intelligence neurosensorielle à partir de quatre axes, le processus V.O.I.R. :

— V pour « Va vers toi », l'axe de la responsabilité ;
— O pour « Observe et investigue », l'axe de l'exploration ;
— I pour « Interroge ton intention », l'axe de la motivation ;
— R pour « Relâche », l'axe de la confiance.

La bonne application de ces quatre axes et des seize compétences qui y sont rattachées nous permet de naviguer en toute confiance dans l'incertitude. Explications :

1. Va vers toi, l'axe de la responsabilité personnelle

Le questionnement vers soi que nous évoquons dans le paragraphe précédent fait appel au premier axe. Il s'agit de se regarder soi au lieu de pointer le doigt vers l'extérieur (les comportements B.A.R.J.O.). En effet, ce ne sont pas les situations qui nous stressent, c'est la perception que nous en avons ; une même situation peut provoquer des réactions radicalement opposées chez deux personnes.

Cet axe nous permet de passer du « subir à l'agir », avec pour compétences :

— *prendre du recul sur la situation* ; en observant l'impact que la situation a sur nos pensées, nos émotions et nos sensations corporelles ;
— *être conscient de ses perceptions* ; nous sommes conscients que ce que nous vivons n'est que le résultat de notre façon d'interpréter la situation ;
— *se sentir partie prenante d'une situation* ; nous pouvons regarder là où nous sommes en interrelation, voire complice de ce qui nous arrive ; ce que nous n'avons pas su anticiper, ce à quoi nous n'avons pas réagi ;
— *reprendre son pouvoir d'action* ; si nous en sommes arrivés à vivre cette situation, nous pouvons décider de la traverser et de créer une réalité plus en rapport avec ce que nous désirons. Nous passons de victime à acteur.

2. Observe et investigue, l'axe de l'exploration

Dans cette étape, il s'agit de récolter une information qui soit la plus vraie possible, d'être lucide et parfaitement présent à soi et à tous les tenants et aboutissants de la situation. Se mettre dans la position du « non-sachant » favorise l'arrivée d'informations nouvelles. En termes de neurosciences, il s'agit de favoriser la vision holistique du mode adaptatif au lieu du simplisme du mode automatique.

Cet axe nous permet de passer « du jugement à l'exploration », avec pour compétences :

— *observer sans préjuger* nous apporte une information qui n'est pas parasitée par notre intellect et optimise notre lucidité ;
— *être totalement présent à ce qui se passe* nous place dans cette intimité avec nous-mêmes ou avec l'autre ;

— *activer la curiosité*, nous poser ou poser les bonnes questions, investiguer avec bienveillance pour donner la liberté et recevoir la vraie réponse (et non une réponse induite par la peur) ;
— *accepter la situation sans essayer de la modifier*, puisque nous partons du principe qu'une situation présente n'est que le résultat d'une succession de causes et de conséquences et que le présent n'est que la résultante du passé.

3. Interroge ton intention, l'axe de la motivation

Cette troisième étape est destinée à nous placer dans la meilleure énergie possible. Pour cela, nous évoquons la dynamique du cœur – faire les choses avec son cœur, y mettre tout son cœur.

Cet axe nous permet de passer « de l'obligation à l'enthousiasme », avec pour compétences :

— *avoir une intention constructive* ; être connecté à soi et aux autres, se sentir libre et ouvert, pour permettre cette liberté autour de nous ;
— *être dans la dynamique du cœur* ; se positionner dans une intention de don, accompagner, partager ses connaissances et faire grandir l'autre pour mieux grandir soi. C'est aussi reconnaître notre propre vulnérabilité et l'enrichissement que les autres nous apportent ;
— *accéder à ses propres ressources* ; nous sommes tous uniques et pouvons utiliser la richesse de notre singularité pour déguster chaque instant, puisque chaque instant est aussi unique ;
— *s'engager* ; quelles que soient les circonstances, rester clairs dans nos décisions et alignés dans nos valeurs.

4. Relâche, l'axe de la confiance

Grâce aux trois premières étapes, nous savons nous recentrer, reprendre notre pouvoir d'action, obtenir la bonne information, utiliser notre intuition et canaliser notre énergie. Dès lors, nous pouvons aborder toute nouvelle situation avec la confiance nécessaire et suivre le courant de la vie avec sérénité. En termes de management, il s'agit de passer du contrôle à l'accompagnement.

Cet axe nous permet de passer « du contrôle au lâcher-prise », avec pour compétences :

— *lâcher le contrôle et partir vers l'inconnu* ; basculer consciemment du mode automatique au mode adaptatif pour envisager l'inconnu comme une expérience porteuse d'enrichissement ;
— *suivre le flux* ; si la vie est une rivière, nous gagnons à suivre le courant au lieu de résister et de perdre nos forces. Ainsi, nous pouvons continuer à regarder devant nous et à nous diriger avec de petits mouvements ;
— *pardonner et remercier* (la gratitude) ; le ressentiment fait partie des comportements B.A.R.J.O. ; nous continuons à gaspiller notre énergie en restant dans le passé. Pardonner nous libère, et remercier renforce nos liens tout en motivant l'autre ;
— *faire confiance à l'intelligence du vivant* ; remercier la vie pour tout ce qu'elle nous apporte sans exception est la quintessence du lâcher-prise. Lorsque nous comprenons que toute situation est là pour nous faire évoluer, il devient évident que la part du hasard s'amoindrit et que le vivant est à l'œuvre.

Maintenant que nous avons exploré ces quatre étapes, allons voir comment les mettre concrètement en pratique à travers les protocoles de l'approche neurosensorielle.

CHAPITRE 5

LES PROTOCOLES DE L'APPROCHE NEUROSENSORIELLE

POURQUOI DES PROTOCOLES ?

Pour agir sur les quatre axes de l'intelligence neurosensorielle, nous avons mis en place des protocoles qui ont chacun un rôle à jouer en fonction des situations et de ce que nous vivons à travers ces situations.

Ces protocoles sont conçus pour nous permettre de revenir à nos sensations corporelles, mais aussi de débloquer une situation et d'accéder aux ressources de notre intelligence supérieure.

Tous ces protocoles sont simples – les sensations corporelles sont à fleur de peau et ne demandent qu'à être écoutées et décryptées et pour cela, nous devons simplement diriger notre intellect – notre pensée – vers des endroits ou des tâches bien définies.

Alors le mental se met au service de notre introspection et la sensorialité prend toute sa place.

Tous les protocoles ont leur place dans notre quotidien et agissent en quelques secondes ; ils ne nécessitent que quelques jours d'entraînement, voire quelques semaines pour certains.

La seule chose que nous ayons à faire est de lâcher prise sur le résultat, de nous concentrer sur notre ressenti et de faire confiance à l'intelligence du vivant – une intelligence présente à la fois dans le corps et dans notre relation avec la réalité.

La seule posture que nous ayons à adopter est celle de l'humilité : nous nous engageons dans un travail très concret tout en mobilisant cette capacité d'autoguérison qui apparaît dès que nous écoutons et accompagnons notre corps à travers tous les signes et les mouvements qu'il nous envoie.

C'est une méthode qui permet de quitter l'intellect pour se reconnecter au présent et nous ramener dans une notion de bien-être. C'est aussi une rééducation pour revenir dans la voie du « sentir ».

Cela peut être parfois très compliqué lorsque nous sommes en proie à des peurs et des problèmes. Cela peut même nécessiter une bonne dose de courage et de détermination pour aller vivre et explorer des sensations douloureuses liées à des blessures profondes.

Mais rien qu'en observant notre état intérieur à travers trois canaux – nos pensées, nos émotions et nos sensations corporelles, ce que nous appelons la M.A.P (Mental, Affect, Physique, la carte de notre état intérieur) –, nous prenons un premier recul qui nous dissocie de la peur et nous reconnecte au présent.

D'une façon plus générale, le travail avec la sensorialité utilise quatre champs expérientiels :

— la visualisation : se visualiser immergé dans la situation, en utilisant tous les sens (ce que je vois, j'entends, je sens, je ressens, je goûte) ;

— la pensée : observer le mental à l'œuvre dans la situation ;
— l'émotion : dans quelle émotion suis-je dans cette situation ;
— les sensations corporelles : l'observation de toutes les manifestations physiques dans le corps.

LES PROTOCOLES FONDAMENTAUX

Ce sont les quatre protocoles à la base de tout travail avec l'intelligence neurosensorielle.

Protocole 1 : NeuroSens Reconnexion

Utilité : se rééduquer sensoriellement.

Processus : tout ramener au corps. Bouger, se mettre en appui sur un pied, marcher, toucher, etc., tout en étant attentif aux sensations physiques et en discernant les sous-modalités dans le corps – chaud, froid, contracté...

Si c'est compliqué, on peut commencer par contracter un bras et ressentir la différence entre le bras contracté et l'autre (méthode Jacobson[11]) ou sentir la différence de température de l'air que nous inspirons et expirons.

Protocole 2 : NeuroSens Source

Utilité : activer le premier axe « va vers toi ».

11. Edmund Jacobson (1888-1883), médecin américain de Chicago ayant constaté que la relaxation neuromusculaire repose sur le principe de l'influence du contrôle somatique sur la réponse psychique, le relâchement musculaire aboutissant à la détente mentale, ce qu'il nomme la relaxation progressive. Son travail a inspiré la sophrologie.

Processus : regarder l'impact de nos pensées et de nos émotions sur nos sensations corporelles, faire un scan de notre corps. On part d'une extrémité du corps vers l'autre. Les parties les plus sensibles sont en général les mâchoires, la nuque, la gorge, les épaules, la poitrine, la respiration, le plexus solaire et le ventre, mais il peut y avoir des sensations partout.

Ce procédé complète l'outil que nous préconisons pour observer notre état intérieur évoqué ci-dessus – la M.A.P., pour Mental (nos pensées), Affect (nos émotions) et Physique (nos sensations corporelles).

Protocole 3 : NeuroSens Yes

Utilité : accepter ce qui se passe au niveau de notre corps.

Processus : dans les moments où la tension corporelle est forte, être à l'écoute de la sensation sans essayer de modifier l'expérience. Pour aider, nous pouvons mettre la main sur la sensation et dire *oui* à la sensation et observer ce qui se passe quand on dit *oui*. C'est une aide précieuse à l'acceptation.

Protocole 4 : NeuroSens Deep

Utilité : explorer les Oops lors d'une difficulté – les Oops, c'est ce que nous avons du mal à avaler.

Processus : visualiser un obstacle ou quelque chose qu'on imagine difficile à traverser, qui va nous faire sortir de notre zone de confort. Ressentir qu'il y a quelque chose au fond de nous qui nous empêche d'y aller, comme un saboteur interne, qui nous empêche d'avancer rapidement, et le localiser dans notre corps pour en décrire la forme ou l'impact : « Est-ce que ça tord, vrille, appuie, compresse, serre, chauffe, est-ce une boule, une pointe, une barre, une aiguille ? »

En fait, ces Oops sont issus d'une situation mal vécue ou d'un choc psychologique antérieur – un *trauma*. L'énergie du choc n'ayant pas été évacuée sur le moment s'est comme « cristallisée » pour former un *traumatisme*, et lorsque nous revivons une situation en résonance avec le traumatisme, cette énergie se manifeste et nous ressentons des Oops dans notre sensorialité.

Nous pouvons libérer ces Oops par la simple présence sensorielle à cette énergie qui s'exprime : imaginer un espace/un vide autour de cette sensation et observer comment le Oops évolue, sans essayer de modifier ou d'arrêter l'expérience, jusqu'à dissolution totale des sensations corporelles du Oops.

LES PROTOCOLES DE CROISSANCE

Ce sont des exercices qui nous permettent de travailler les quatre axes de l'intelligence neurosensorielle à partir des protocoles fondamentaux.

Protocole 5 : NeuroSens Fixation

Utilité : se dissocier d'une fixation, d'une pensée obsessionnelle quand le mental est trop fort, pour repérer les accroches à l'intérieur de soi et s'en libérer.

Processus : penser au problème et prendre un objet que l'on serre en fonction de la tension générée par ce problème. La personne serre, ressent sa tension et fait le parallèle avec sa situation. À un moment donné, nous lui proposons de se libérer de cette tension, de sentir à l'intérieur d'elle-même qu'elle décide de se libérer de cette tension.

Lorsque la personne lâche l'objet – un stylo par exemple – le cerveau fait le lien entre la situation et l'objet.

On peut utiliser d'autres jeux métaphoriques pour se libérer des contractions intérieures. Par exemple :

— Colle/Décolle : la personne visualise le problème face à elle et tourne sur elle-même ; le problème est derrière elle. Que se passe-t-il, quelle est la sensation quand elle se retourne et qu'elle se décolle du problème ? Quel choix va-t-elle poser ensuite ?
— Même si : évoquer les problèmes, frustrations ou inquiétudes après le « même si » (par exemple : même si j'ai le sentiment de ne pas pouvoir y arriver) et ressentir fortement les mots, leur impact dans le corps. Ensuite, affirmer l'intention (exemple : Ici et maintenant je m'engage à faire de mon mieux) et ressentir l'énergie de cette intention positive. Ne pas hésiter à refaire l'exercice plusieurs fois de suite en augmentant les ressentis.

<u>Protocole 6 - NeuroSens Goal</u>

Utilité : explorer les Oops par rapport à un objectif.

Processus : visualiser le but atteint en imaginant que nous avons réussi, et ressentir tout ce qui se passe à l'intérieur de nous. Si le ressenti est ouvert, nous pouvons faire un ancrage de ce qui se passe et l'utiliser comme une référence dans laquelle nous pouvons nous replacer à tout instant.

S'il y a des Oops qui interviennent par rapport à cet objectif, nous pouvons les libérer par la présence sensorielle.

Protocole 7 : NeuroSens Question

Utilité : optimiser la réponse de l'intuition en activant notre préfrontal (mode mental adaptatif).

Processus : par rapport à une problématique, une décision, une situation, se poser des questions ouvertes sans jamais apporter de réponse mentale et se connecter aux sensations corporelles sans attendre de réponse non plus ; laisser venir ce qui vient.

« Une question est une invitation au voyage/la réponse l'arrête », et dans le mode mental automatique, les premières réponses viennent toujours de l'intellect. Ne pas répondre mentalement et se connecter aux sensations corporelles, c'est créer le vide à travers lequel la vraie réponse – celle de l'intuition et de notre connaissance profonde – arrive. Si ce n'est pas immédiat, l'invitation est de se reposer régulièrement la question sans y répondre, et plus particulièrement dans les moments de pause.

Protocole 8 : NeuroSens Space

Utilité : libérer l'énergie et agrandir notre espace créatif quand on se sent limité.

Processus : imaginer l'espace dans lequel nous sommes actuellement/dans notre situation. Sentir l'espace en nous et autour de nous, puis visualiser que cet espace s'ouvre ; l'agrandir petit à petit, puis commencer à bouger dans cet espace, à en prendre possession, et à un moment, imaginer que nous pouvons sortir de cet espace.

Très utile par exemple lorsque « l'espace problème est plus grand que l'espace solution ». Ce protocole nous aide à prendre possession de notre espace ; il nous reconnecte au champ des possibles. Autre variante, le faire à partir de notre prénom : sentir l'espace de notre prénom, puis l'agrandir de la même façon.

Protocole 9 : NeuroSens Move

Utilité : nous mobiliser quand nous avons le sentiment de ne pas avoir d'énergie.

Processus : faire délibérément des mouvements amples, de danse ou d'expansion, tout en restant connecté à ce qui se passe en soi, dans l'intimité du mouvement. Ressentir l'énergie à l'intérieur de ce mouvement.

Il s'agit de faire connaissance dans le moment présent de ce que génère le mouvement, apprendre à partir de ce qui se passe maintenant sans rien rejeter, parce que le corps est toujours dans le présent.

Protocole 10 : NeuroSens Énergie

Utilité : augmenter notre qualité d'énergie quand celle-ci est basse.

Processus : pour passer d'une énergie basse (berk, bof, il faut) vers une énergie de création (miam, waouh), nous pouvons utiliser le mental – changer nos pensées vers des pensées plus porteuses (des moments de réussite, de fierté) – et le renforcer avec le corporel (mimer avec le corps le sentiment de fierté, d'assurance, de confiance en soi, etc.).

En effet, depuis l'homme préhistorique, notre cerveau reste concentré sur le négatif, car nous avons appris à être dans une dynamique de survie et à porter toute notre attention vers la possibilité qu'un prédateur surgisse. Il s'agit désormais d'éduquer le cerveau à garder le positif et à l'augmenter pour se mettre dans certaines énergies et savoir les nourrir, les garder – la joie, l'enthousiasme, le bonheur, la découverte, etc.

Protocole 11 : NeuroSens Intuition

Utilité : déterminer un objectif ou faire un choix en déconnectant le mental.

Processus : le principe de la constellation. Après avoir écrit différentes possibilités au dos de feuilles cartonnées, on pose les feuilles par terre côté vierge au-dessus, sans savoir ce qui est écrit au recto et l'on ressent ce qui se passe lorsqu'on est debout sur ces feuilles.

C'est un protocole très spectaculaire – le corps peut répondre, il a de véritables éléments de réponse. C'est une analyse très rapide avec une vision globale de la situation ; l'inconscient apporte des réponses avec le sensoriel, le mental et la réflexion sont totalement déconnectés.

Protocole 12 : NeuroSens Affirmation

Utilité : reconnecter la pensée dans le présent et ressentir la puissance de l'intention vers le but. Un formidable protocole pour la motivation.

Processus : nous commençons par une réflexion sur nos frustrations et nos inquiétudes avant de lister nos compétences et ressources. Puis nous construisons une phrase synthétique qui reprend tous ces éléments, avant de la dire en ressentant sensoriellement l'impact de chaque élément.

Pour finir, nous procédons à un ancrage de l'énergie dans laquelle nous sommes – celle du but atteint et de la réalisation de soi.

Protocole 13 : NeuroSens Polarité

Utilité : libérer les charges émotionnelles souvent inconscientes qui minimisent notre potentiel.

Processus : nous vivons dans un monde de polarités (respect/irrespect – femme/homme – blanc/noir – jour/nuit – peur/cœur...) et lorsque nous sommes face à une situation, nous nous positionnons par rapport à ces opposés. Mais si nous mettons beaucoup d'importance dans la polarité qui a notre préférence, nous créons alors le stress.

Il s'agit d'aller vivre tout d'abord la polarité négative (on peut l'imaginer vers notre côté gauche) – observer les pensées, les émotions, le ressenti – puis la polarité positive (que l'on visualise de l'autre côté) avec les mêmes éléments. Nous faisons trois fois cet aller-retour en augmentant de plus en plus les sensations, l'émotion et la charge de chaque polarité, puis nous prenons une grande inspiration et à l'expiration, nous visualisons ces polarités se fusionner face à nous.

En fusionnant ces polarités, nous contactons notre partie profonde et ressentons une belle sérénité ; un peu comme si tout problème avait disparu. En répétant plusieurs fois le processus, nous nettoyons durablement au niveau de l'inconscient des charges émotionnelles négatives.

Important : avec les outils de l'intelligence neurosensorielle, nous ne nous positionnons pas comme des psychothérapeutes. Le travail avec la sensorialité nous permet de contacter avec une belle simplicité et sans douleur un espace zen [le juste milieu, le point zéro] et de décharger les polarités pour ne plus être « embarqué » d'un côté ou de l'autre.

Nous retrouvons une cohérence interne qui se manifeste par une sensation d'alignement, de plénitude. Ce travail apporte des résultats très puissants qui changent définitivement notre posture face à notre réalité. Des éléments plus anciens peuvent être libérés, et ce même si la personne a déjà fait un travail sur elle-même.

La véritable liberté par rapport aux polarités est d'être capable de passer de l'une à l'autre sans être affecté. Par exemple, même si la valeur respect est importante, pouvoir faire face à de l'irrespect sans éprouver ni stress ni émotion et apporter la réponse adaptée.

Ce type de protocole nécessite d'être guidé, au moins les premières fois.

Protocole 14 : NeuroSens Désidentification

Utilité : supprimer les causes inconscientes des situations récurrentes négatives que nous vivons.

Processus : c'est un processus en trois étapes que nous allons répéter plusieurs fois.

1. identifier l'identité dans laquelle nous sommes lorsque nous vivons une situation récurrente [par exemple, j'ai du mal à recevoir des critiques – mon identité est celle de l'enfant qui n'aime pas les reproches] ;

2. identifier l'objectif de cette identité – positif ou négatif (par exemple, l'objectif de l'enfant pourrait être soit de tout faire comme il faut, soit qu'on le laisse tranquille) ;
3. visualiser que cet objectif est atteint et observer vos sensations corporelles ;
4. retour au 1 : dans quelle identité êtes-vous maintenant ? ;
5. retour au 2 : quel est l'objectif de cette nouvelle identité ? ;
6. retour au 3 : visualiser que l'objectif est atteint.

Au fur et à mesure, nous quittons les identités dont l'objectif est atteint et qui n'ont plus lieu d'être, et nous retrouvons notre Moi profond, notre alignement intérieur, notre sérénité.

Tout comme le protocole 12, il est préférable d'être guidé les premières fois.

Ne soyez pas surpris si nous évoquons dans le futur d'autres protocoles qui apparaîtront naturellement au fur et à mesure de l'évolution de nos travaux.

LES OUTILS DES NEUROSCIENCES

En plus des protocoles exposés à ce chapitre, nous utilisons de beaux outils issus des neurosciences pour compléter le travail et automatiser notre cerveau à basculer en mode mental adaptatif dès que nécessaire.

Voici un aperçu des principaux mécanismes sur lesquels se basent ces outils.

1. La différence pensées/émotions/ressenti

Les outils des neurosciences sont essentiellement cognitifs ; ils utilisent le mental pour induire une bascule en mode préfrontal adaptatif. Il y a plusieurs façons d'utiliser le mental :

— Attirer sa curiosité en lui faisant miroiter des avantages : tu vas apprendre et cela va te servir.
— Le prendre à son propre jeu et l'amener, par un processus de réflexion, à une prise de conscience.
— De la même manière, le guider dans un processus de réflexion pour le mettre face à ses propres contradictions.
— Le faire boguer, par un afflux d'information ou en lui demandant de faire plusieurs choses en même temps.

La condition pour y arriver, c'est qu'il n'y ait ni peur ni stress, ou alors à un niveau minimum et non perturbateur de la pensée. C'est pour cela qu'une des premières choses que nous apprenons est de savoir distinguer à coup sûr la pensée de l'émotion et du ressenti.

— La présence d'une évaluation ou d'un jugement est le signe que nous sommes dans le mental – exemple : je me sens bien ou mal ; je n'aime pas ça.
— L'émotion est reconnue en tant que telle – exemple : je suis triste, en colère, j'ai peur.
— La sensation corporelle est une description factuelle de ce qui se passe au niveau corporel – exemple : j'ai une boule dans le ventre.

Dès que la pensée est perturbée par le stress ou la peur, le moyen le plus efficace pour en sortir est de diriger notre mental vers l'observation de nos sensations corporelles – ce que nous appelons la *présence sensorielle*.

2. La chronologie des centres de gouvernance du cerveau

Dans tous les processus issus des neurosciences, nous devons impérativement respecter la chronologie du cerveau, c'est-à-dire prendre en compte les centres de gouvernance en fonction de leur ancienneté.

Le reptilien étant le premier arrivé, il est évident que nous devons avant tout nous assurer que nous ne sommes pas dans une des trois formes de stress – les trois stratégies de survie.

Ensuite, nous devons vérifier si nous sommes dans un excès de positionnement grégaire, c'est-à-dire dans un excès de dominance, de soumission, de marginalité ou d'axialité, voire dans de la mauvaise foi. C'est un centre très particulier – la grande trouvaille du docteur Fradin que nous allons développer ci-dessous.

Une fois que nous avons traité les deux premiers centres de gouvernance, nous pouvons alors utiliser le cognitif – le mental – pour induire une bascule préfrontale, comme évoqué précédemment.

Par exemple, dans un processus de décision, nous commençons par traiter l'incertitude (qui pourrait induire la peur de l'inconnu), puis le risque de l'échec ou de la réussite (qui pourrait bloquer le système de récompense). À ce moment-là, la réponse se profile, et nous la renforçons avec le cognitif pour pouvoir affirmer la décision face aux autres, puis avec la sensorialité pour la conforter au niveau des sensations corporelles. Chaque étape de ce processus est délibérément préfrontalisante.

3. Les impacts insoupçonnés du positionnement grégaire

Ce centre de gouvernance est une véritable mine d'or. Il est en lien avec l'amygdale limbique qui nous permet de discerner le niveau de danger face à telle ou telle personne. Responsable de la survie du groupe, il fait en sorte qu'un équilibre naturel se fasse dès qu'un groupe est constitué.

Les signes pour reconnaître le positionnement grégaire sont exclusivement dans le non-verbal ; dans la place que prend ou ne prend pas une personne, sa façon d'être qui nous indique son niveau de confiance en elle ou en l'autre.

Autre élément étrange, le positionnement grégaire échappe à toute logique consciente. Pourquoi ces deux personnes commencent-elles à se frapper sans avoir échangé un mot ? Pourquoi telle autre rentre-t-elle soudain dans la mauvaise foi ? Qu'est-ce qui fait qu'une simple remarque faite à une personne va lui donner envie de saboter le travail de l'équipe ?

Ce n'est pas pour rien qu'il faut une pleine journée et beaucoup d'intégration pour être à l'aise avec ce centre de gouvernance. Mais dès lors que nous savons reconnaître quand il est activé et que nous utilisons les outils adéquats, nous sommes en possession de puissants moyens de maîtrise des relations et de la communication.

4. Les six dimensions des modes automatiques et adaptatifs

Les neurosciences distinguent six étapes dans le trajet de l'information à travers le cerveau. Chacune de ces étapes peut être appréhendée en mode automatique ou adaptatif. De même, chacune de ces étapes offre une possibilité de bascule en mode adaptatif, principalement à partir d'un mode de questionnement adapté à chacune.

Voici les deux premières étapes au moment de l'entrée de l'information :

a) La curiosité sensorielle – en opposition à la routine

Être curieux de ce que nous vivons, de la façon dont nous le vivons. Cette curiosité nous incite à ralentir les choses de manière à en tirer le maximum d'informations.

Par exemple, si vous buvez de l'eau tout en étant à l'écoute de toutes les sensations, vous ralentissez chaque mouvement pour en tirer la quintessence. À l'inverse, si vous le faites de façon routinière, cela ne vous prend que deux secondes au cours desquelles vous êtes « ailleurs ».

Dans toute situation, adopter une posture de curiosité nous place en mode préfrontal.

b) L'acceptation/la flexibilité – en opposition à la résistance

Face à toute situation, accepter et accueillir ce qui se passe nous permet de garder notre lucidité. À l'inverse, résister ne peut conduire qu'à des comportements B.A.R.J.O. et induire le stress qui parasite la réflexion.

Bien souvent, les personnes confondent acceptation et résignation. Autant nous considérons la résignation comme l'arrêt du mouvement créatif – la mort –, autant l'acceptation nous permet de mieux appréhender ce qui se passe pour apporter une réponse appropriée en direction de ce que nous souhaitons.

Pour les deux étapes suivantes, nous sommes dans le traitement de l'information :

c) La nuance – en opposition à l'extrémisme

Nous vivons dans un monde de polarités qui nous invite à nous placer dans le juste milieu. Trop d'une polarité induit un déséquilibre.

Par exemple, trop de bienveillance mène à de la passivité, trop de directives mènent à de l'autoritarisme, etc.

La nuance nous permet ce juste milieu et pour y arriver, nous pouvons par exemple nous interroger sur les avantages ou les inconvénients de chacune des polarités. Baisser les importances accordées à une polarité, c'est baisser notre stressabilité quand nous y sommes confrontés et à court terme, devenir capable de vivre une situation sans tomber dans le stress.

Étant donné que nous sommes dans le troisième étage des centres de gouvernance, la plasticité neuronale est optimale et l'apprentissage se fait vite !

d) La relativisation – en opposition aux certitudes

Nous sommes remplis de certitudes et de croyances. Certaines nous poussent en avant, d'autres nous limitent fortement. Celles qui nous limitent sont comme des virus que nous avons installés au cours de notre apprentissage, et voici le moment de faire intervenir l'antivirus !

Relativiser, c'est nous inviter à imaginer d'autres points de vue sur une situation et sortir ainsi des œillères de nos croyances. Par exemple : « qu'en penseras-tu dans 2 ans, 5 ans, 10 ans ? » ou encore : « qu'en penserait ton coach, ton mentor ? » Au fur et à mesure, la croyance s'effrite et nous nous en libérons.

Pour les deux dernières étapes, nous sommes dans la sortie de l'information :

e) La réflexion globale – en opposition au simplisme

Tout au long de ce processus, le préfrontal fait des liens en arrière-plan entre les différentes informations qu'il possède, et constitue comme une carte heuristique – une *mindmap* – avec tous les tenants et aboutissants d'une situation.

Les bonnes questions pour induire cette réflexion sont par exemple « et si ce n'était pas si simple ? » ou encore « quel lien fais-tu ? »

Une fois que la plupart des informations sont bien cartographiées dans la globalité, nous pouvons passer à la dernière étape, notre réponse à la situation :

f) L'opinion personnelle – en opposition au regard de l'autre

Nous avons déjà évoqué le processus de décision et la nécessité d'être capable d'affirmer son choix face au regard des autres. Cette étape nous permet de ressentir que ce choix est vraiment le nôtre, avec des questions comme « c'est vraiment ton choix ? ».

Dans nos sociétés occidentales, les deux dimensions les plus sensibles sont l'acceptation et l'opinion personnelle.

— L'acceptation parce que nous vivons dans une société où nous avons énormément de garanties et d'assurances et avons du mal à accepter l'incident ou l'imprévu ;
— L'opinion personnelle parce que l'image de soi ou la responsabilité personnelle sont omniprésentes culturellement.

5. Les personnalités selon les neurosciences

Le docteur Jacques Fradin a établi un profil de personnalités basé sur deux constatations :

— le cerveau actif au début de la vie est le reptilien – la survie individuelle est la préoccupation majeure ;
— dans les trois premiers mois, le cerveau perd 90 % des connexions cérébrales présentes à la naissance – ce que l'on appelle l'empreinte périnatale : « L'empreinte périnatale correspond à une période autour de la naissance où la plasticité neuronale est maximale et se façonne au travers des interactions avec l'environnement. [...] Elle aurait ainsi pour rôle de nous faire "idéaliser notre environnement primitif" pour nous y intégrer et nous rendre proactifs vis-à-vis de lui[12]. »

Jacques Fradin a pris en compte les quatre états du reptilien (activation de l'action, fuite, lutte et inhibition de l'action) et leur « mot d'ordre ». À partir de ces quatre états, il a défini huit personnalités, selon le résultat obtenu vis-à-vis de chaque état (réussi ou empêché, que l'on pourrait aussi qualifier d'extériorisé ou intériorisé).

a) Activation de l'action – Observer
— État réussi : le philosophe – personnalité épicurienne, qui aime les plaisirs de la vie, la nature, l'harmonie.
— État empêché : le novateur – personnalité curieuse, qui aime comprendre, la logique, les processus.

b) Fuite – Bouger
— État réussi : l'animateur – personnalité en mouvement, qui aime la nouveauté, la découverte, le voyage.

12. Extrait du livre du docteur Jacques Fradin et Camille Lefrançois : *La thérapie neurocognitive et comportementale* (2014, éditions De Boeck).

— État empêché : le gestionnaire – personnalité organisée, qui aime s'occuper manuellement, ranger, classer ainsi qu'une forme de stabilité.

c) Lutte – Diriger

— État réussi : le stratège – personnalité raffinée, qui aime les belles choses, la noblesse d'esprit et qui entraîne les autres vers de beaux projets.

— État empêché : le compétiteur – personnalité engagée, qui aime le challenge, les défis et le dépassement de soi.

d) Inhibition de l'action – Partager

— État réussi : le participatif – personnalité reliée, qui aime les contacts chaleureux, les bons moments entre amis, la communication.

— État empêché : le solidaire – personnalité impliquée, qui aime aider celui qui ne s'en sort pas à reprendre le contrôle des choses.

Ces huit personnalités s'expriment à travers deux contenants :

— Les tempéraments : motivation par plaisir de faire, figés à 3 mois lors de l'empreinte périnatale ; ils représentent ce que l'individu aura toujours plaisir à faire, quel que soit le résultat. *Prendre en compte les tempéraments d'une personne dans le cadre d'une entreprise participe à son bien-être dans une fonction donnée.*

— Les caractères : motivation par besoin de résultat. Évoluent en permanence en fonction de nos expériences. Ils représentent une motivation supplémentaire, tout en étant source de stress lorsque le besoin de résultat n'est pas satisfait.

Même si la description de ces personnalités peut vous sembler un peu complexe, nous avons là un magnifique outil lorsqu'il s'agit de définir un but en accord profond avec l'individu ou de déterminer les valeurs ou comportements face auxquels la stressabilité est à son maximum.

C'est aussi une formidable indication pour l'évolution d'une personne, le but étant de favoriser les grands traits du tempérament [les dynamiques comportementales] tout en minimisant les aversions comportementales issues des caractères.

Voici ce que nous voulions vous présenter quant aux mécanismes et techniques issus des neurosciences.

Il serait difficile de vous exposer plus en détail les outils dans ce livre sans ajouter plusieurs centaines de pages, ce qui n'est pas le propos.

Nous avons voulu vous proposer un guide pratique de découverte et de compréhension de l'intelligence neurosensorielle et de ses bienfaits. Pour ce qui est de son apprentissage et de son intégration, nous vous parlerons au chapitre 8 des formations complètes et approfondies que nous proposons.

Passons maintenant à quelques études de cas qui vous permettront de comprendre comment nous accompagnons concrètement les personnes à activer leur intelligence neurosensorielle.

CHAPITRE 6

ÉTUDES DE CAS

ANGOISSES NOCTURNES (1RE PARTIE)

Aline se réveille souvent en pleine nuit avec des angoisses. Son entreprise est en train d'être rachetée et elle craint d'être licenciée, alors qu'elle a de gros crédits immobiliers et serait en difficulté pour rembourser les échéances.

Ses angoisses se manifestent par une énorme pression au niveau de la poitrine et des sueurs. Elle se réveille d'un coup et ne peut plus s'endormir, doit se lever, essaye de passer le temps avec la télévision et de fait, n'arrive plus à trouver le sommeil.

Nous lui suggérons dans un premier temps d'allier deux protocoles ; le protocole 3 NeuroSens Yes, qui est très utile pour accepter ce qui se passe au niveau de notre corps.

Lors d'une nouvelle angoisse nocturne, Aline se met à observer cette forte compression qui lui écrase la poitrine. Elle remarque sa respiration courte et ne cherche pas à modifier quoi que ce soit ; elle n'essaye même pas de changer sa respiration.

Puis elle met sa main sur sa poitrine et accueille la sensation ; elle dit « oui » à la sensation et observe l'impact de ce « oui » sur ce qu'elle vit.

Certes, ce n'est pas le bon moment pour elle ; en manque de sommeil, elle ne peut dormir alors que la journée du lendemain est consacrée à des tâches importantes pour elle et son devenir dans l'entreprise.

Cependant, à force de rester concentrée sur la sensation corporelle liée à l'angoisse, elle remarque petit à petit que celle-ci diminue et finit par retrouver le sommeil.

Cela peut paraître paradoxal de rester avec ce qui fait mal – cette sensation difficile qui est là – sans essayer de dormir, mais Aline tient le coup ; elle reste avec cette sensation et chaque fois se rendort.

Elle se rend compte qu'à chaque fois qu'elle applique ce même processus, le sommeil revient de plus en plus vite.

Par la suite, il ne faudra que deux à trois minutes pour que les sensations de l'angoisse s'en aillent.

ANGOISSES NOCTURNES (2E PARTIE)

Nous vous avons décrit dans la partie ci-dessus comment traiter l'angoisse nocturne à l'aide du protocole 3 NeuroSens Yes. Avec ce protocole, nous traitons les conséquences – les sensations corporelles que génère l'angoisse – mais pas nécessairement la cause profonde.

Alors voici ce que nous avons pu proposer à Aline pour traiter la cause de ses angoisses à la racine, la charge émotionnelle négative qui a une influence incontestable sur l'ensemble de sa vie.

Nous lui proposons d'appliquer le protocole 7 NeuroSens Question, c'est-à-dire de poser une question fondamentale sans chercher à apporter de réponse mentale... La question à poser est simple, mais puissante : « Qu'est-ce qui m'empêche de me sentir bien dans cette situation ? »

La nuit suivante, et alors qu'elle « savoure » cette angoisse, elle se pose cette question sans essayer d'y répondre : « Qu'est-ce qui m'empêche de me sentir bien dans cette situation ? »

Aline va refaire plusieurs fois ce processus, en constatant qu'au fur et à mesure, elle peut se rendormir plus rapidement ; elle a fait le lien avec son mental qui maintient la pression et continue de se poser la question.

C'est à la troisième séance nocturne qu'une image arrive : Aline a le sentiment qu'une botte est en train de l'écraser, comme une botte de soldat, et une image surgit, qui lui fait comprendre que ce qui l'empêche d'être bien dans cette situation : « être dépendante du banquier » ! Elle revoit ses parents saisis par l'angoisse des fins de mois difficiles et des découverts bancaires et fait le lien avec ce qu'elle vit.

Cette révélation a un impact sur ses sensations corporelles qui se dissipent rapidement et lui permettent de trouver enfin la sérénité. Des pensées arrivent, des liens se font, et c'est comme une formidable prise de conscience qui lui donne la sensation de pouvoir enfin se libérer de ces contractions nocturnes.

Lors de la séance suivante, Olivier lui fait travailler le protocole 13 NeuroSens Polarité à partir des opposés : être dépendant du banquier/être libre et avoir sa place. Aline fait un puissant ancrage de la sensation de sérénité et de juste milieu qu'elle obtient après fusion des polarités et n'hésite pas à s'y reconnecter dès que l'angoisse fait mine d'apparaître.

À la suite de cette prise de conscience et de ce nettoyage par le protocole 12, la posture et la vision qu'Aline a de la vie ont changé et elle se sent beaucoup plus forte et alignée pour diriger sa vie et prendre sa place.

LE MANAGER FROID ET DISTANT

Étienne est manager d'une équipe de 25 personnes et se plaint d'un manque de motivation général. À l'issue d'une évaluation 360° qu'il a demandée à un consultant, il apparaît que son équipe le juge froid et distant.

Lorsque Samy le questionne sur ce qui pourrait déclencher cette perception de la part de ses collaborateurs, il nous avoue être mal à l'aise dans la proximité ; il se sent gêné quand il doit dire bonjour, sourire ou regarder dans les yeux.

Alors Samy lui propose comme exercice de se dire bonjour en souriant et en se regardant dans les yeux, de manière à lui permettre de se confronter à ce qu'il ressent. À ce stade, il est important de vérifier le désir de progresser, le désir d'aller plus loin.

Les mains s'empoignent et ne se lâchent pas, tout comme le regard. À ce moment-là, Samy propose à Étienne de se mettre à l'écoute de ses sensations corporelles et de lui décrire ce qui se passe.

Après quelques secondes d'introspection, Étienne dit qu'il ne se sent pas bien du tout, qu'il n'est pas à l'aise. Samy lui demande de rester avec ce malaise et d'aller voir dans le corps ce qu'il se passe et de prendre son temps. Étienne évoque comme un nœud dans le ventre.

Samy lui propose alors de rester présent à ces sensations, d'en évaluer la densité, la forme, de décrire les sous-modalités présentes dans son corps. Puis, il lui propose de les laisser évoluer comme elles le souhaitent en visualisant un espace autour qui leur donne toute la place pour cela.

Puis Samy interroge régulièrement Étienne qui lui décrit au fur et à mesure comment les sensations évoluent, qu'elles montent progressivement du ventre à la poitrine, jusqu'au moment où elles se sont comme diffusées et ont disparu. L'exercice a duré trois minutes environ.

Avant de lui lâcher la main, Samy propose de sentir ce qui se passe maintenant, sentir l'énergie, rester avec le regard dans les yeux et sentir et ressentir comment cela peut même être agréable pour lui. Ce temps d'ancrage dure à nouveau une petite minute.

Samy lui lâche la main et lui propose alors d'imaginer qu'il doit dire bonjour au collaborateur qui le mettrait le moins à l'aise. Étienne commence à visualiser la scène et Samy lui demande à nouveau de décrire ce qu'il se passe au niveau du ressenti. Comme précédemment, les sensations arrivent, évoluent et disparaissent petit à petit.

Samy propose alors à Étienne de sortir de son bureau et de dire bonjour en serrant la main aux premières personnes qu'il rencontrera. Étienne s'exécute et lorsque Samy lui demande comment cela s'est passé, Étienne sourit : « C'était facile, je ne me suis pas senti gêné, j'ai même reçu d'agréables sourires en retour ! »

Explication : en vivant une situation désagréable, ou en y repensant, ou encore en la visualisant, nous voyons apparaître les Oops évoqués dans le protocole 4 NeuroSens Deep. Nul besoin d'aller explorer les valeurs touchées, les exigences ou les croyances ; les charges émotionnelles négatives jouent leur rôle et s'expriment à travers le corps.

En laissant ces sensations corporelles évoluer, nous laissons l'émotion s'exprimer ; l'énergie du traumatisme se manifeste ; nous libérons les charges émotionnelles négatives qui étaient liées à un ancien trauma. Étienne peut désormais vivre la proximité avec ses collaborateurs avec une meilleure énergie et sans être perturbé par des émotions de mal-être.

L'ORATEUR MALHEUREUX

Stéphane nous appelle, paniqué. Le président de l'association dont il est secrétaire est hospitalisé et il doit, en tant que membre du bureau, exposer à une assemblée composée de politiques et de donateurs les grandes lignes stratégiques que le président a imaginées.

Stéphane est un secrétaire précieux, c'est certainement le meilleur qui ait œuvré dans cette association, mais autant il est à l'aise dans la gestion, autant l'idée même de parler devant des inconnus lui fait perdre toutes ses capacités.

Nous lui proposons alors de reconstituer les conditions de son allocution. Un projecteur pour les diapositives, un micro pour la voix, un pupitre derrière lequel il se place, face à un petit groupe de pairs qui sont venus jouer le public. « Imagine que ce ne sont pas tes amis, mais les politiques et les donateurs ! »

Lorsqu'il commence son exposé, Stéphane nous montre tous les signes d'un stress de fuite bien présent. Le regard en zigzag, la main qui tapote le pupitre, mais pire, des blancs, des silences qui démontrent que la confusion mentale, typique du stress de fuite, est bien à l'œuvre.

Nous nous dirigeons alors vers Stéphane pour lui proposer de fermer les yeux et d'explorer ses sensations corporelles. « J'ai comme un étau dans la gorge et une enclume sur la poitrine. »

Comme vous l'avez compris, ce sont les Oops qui sont apparus alors que nous lui avons proposé le protocole 6, le NeuroSens Goal. En le plaçant dans le but réalisé, deux possibilités : une énergie d'enthousiasme dans le meilleur des cas, ou sinon, des Oops révélateurs d'une perturbation émotionnelle.

Comme à chaque fois qu'il y a des Oops, nous proposons à Stéphane de laisser de l'espace tout autour de sa gorge et de sa poitrine et d'observer ces sensations sans essayer de les modifier, en restant simplement observateur de la façon dont elles vont évoluer.

Au bout d'environ cinq minutes, elles ont quasiment disparu, et nous demandons à Stéphane d'imaginer à nouveau qu'il est face à cette assemblée qu'il redoute tant. Les crispations reviennent, un peu moins fort, et nous recommençons le même processus de présence sensorielle jusqu'à ce qu'elles aient à nouveau disparu.

Nous proposons de nouveau à Stéphane de commencer sa présentation, en imaginant la foule face à lui. Même si nous voyons qu'il est beaucoup plus à l'aise – les mots s'enchaînent, il est moins agité et peut exposer son plan –, nous percevons encore une forme de rigidité et l'arrêtons pour lui donner un petit outil issu des neurosciences : s'écouter parler.

Nous lui proposons de porter son attention sur le son de sa voix quand il parle ; de lire, parler, tout en écoutant le son qui sort de sa bouche. Ce faisant, nous attirons l'intellect vers une tâche bien précise liée cette fois-ci non pas aux sensations corporelles, mais à un sens particulier : l'ouïe.

Après quelques essais, Stéphane démarre et poursuit son exposé avec brio. Après une dizaine de diapositives, nous lui proposons de fermer les yeux et de se mettre à l'écoute de son ressenti : « Je me sens merveilleusement calme et en même temps, je ressens une grande joie ! » Nous l'invitons à ancrer ce moment et à s'y replonger plusieurs fois avant le grand oral, d'en faire un point de repère concret de l'état positif dans lequel il est capable de se placer.

Ses amis médusés l'applaudissent spontanément, et nous lui suggérons encore une fois d'observer ce que ces applaudissements provoquent en lui et d'ancrer à nouveau ses sensations.

Trois jours plus tard, Stéphane nous appelle et nous remercie ; sa présentation s'est parfaitement déroulée et il a même été félicité par le député-maire.

LE VENDEUR RÉSERVÉ

Nicolas est vendeur dans une grande entreprise de produits ménagers et doit faire de la prospection. Son problème : il n'ose pas déranger ses clients et ressent un malaise au moment de les appeler. Persuadé de son potentiel, son chef de vente nous demande de l'accompagner vers une libération de ses ressources.

Nous proposons à Nicolas de revenir à ce qui se passe à l'intérieur de lui lorsqu'il téléphone. Il nous décrit une forme de confusion mentale et d'anxiété, tandis que ses jambes commencent à bouger de façon compulsive. Dans notre langage, ces Oops qui se manifestent sont aussi le signe d'un stress de fuite : l'anxiété qui émerge donne à Nicolas l'envie de quitter la situation.

Nous pourrions traiter durablement les causes du stress en diminuant la stressabilité par rapport aux stresseurs en jeu dans ce moment-là. Stress = stresseur X stressabilité. Si le stresseur est « déranger », une personne n'aura aucun problème avec une stressabilité nulle, alors que Nicolas, avec une forte stressabilité par rapport à ce comportement, en est incapable.

Apporter de la nuance entre les deux polarités « déranger/ne pas déranger » est un processus cognitif issu des neurosciences qui nécessite un petit entraînement, mais nous décidons en premier lieu de passer par la sensorialité.

Nicolas explore les mouvements qui se manifestent au niveau corporel et nous lui demandons : « Aimerais-tu te sentir à l'aise en téléphonant ? Sens la tension que cela te procure... » Après une quarantaine de secondes, nous lui plaçons un stylo dans une main pour qu'il puisse le serrer aussi fort que la tension qu'il éprouve.

En fait, nous appliquons le protocole 5, le NeuroSens Fixation tel que décrit dans le chapitre précédent.

Regard dur et fixé sur son poignet, Nicolas serre le stylo tout en s'imaginant en train d'appeler le client. La scène que nous observons nous fait imaginer que Nicolas perçoit le stylo comme un combiné de téléphone… et nous décelons une grande tension dans sa main, mais aussi dans son bras et ses épaules.

Après une petite minute de tension extrême, nous lui proposons de lâcher le stylo, de décider de se libérer de cette tension, mais là où vous pourriez imaginer que c'est facile à faire, il faudra à Nicolas environ deux minutes avant de pouvoir lâcher le stylo.

Par contre, au moment où il le fait, Nicolas a pu devenir observateur de la partie de lui qui ressent cette tension et serre le stylo. Son cerveau a fait le lien entre ce stylo et la situation ; il relève alors la tête et nous regarde avec un grand sourire, comme s'il venait de faire quelque chose d'extraordinaire !

Eh oui, il l'a fait ! Même s'il ne s'agissait dans les faits que d'un stylo, Nicolas s'est dissocié de la partie de lui qui stressait à l'idée d'appeler le client. Nous lui demandons de décrire tout ce qui lui vient à l'esprit et de le noter soigneusement, pour ancrer ce qu'il vient de vivre.

Plus tard, le manager de Nicolas nous confirmera qu'il a beaucoup progressé et que ses résultats sont à la hauteur, voire supérieurs à ceux de ses collègues de l'équipe de vente.

CAS D'INCESTE

Pour ce dernier cas, nous avons choisi de sortir du cadre de l'organisation et du travail pour toucher un sujet extrêmement sensible dans notre société, de manière à vous montrer jusqu'où nous pouvons aller avec l'intelligence neurosensorielle.

Élisa est une maman de 35 ans. Elle s'est aperçu que son compagnon, père de leur petite fille de 5 ans, avait poussé la petite à des attouchements et des relations incestueuses. Son premier réflexe a été de rompre totalement la relation avec cet homme et de l'empêcher de se retrouver seul avec sa fille, mais ce dernier a poussé l'affaire devant le tribunal et elle se rend compte qu'elle était en couple avec une personne toxique.

À ce jour, Élisa doit se battre contre la machine juridique ; elle est menacée de devoir payer plusieurs centaines d'euros par jour où le père n'aurait pas la possibilité de voir sa fille et demande à Olivier de l'aider à « tenir le coup dans ce qu'elle vit ».

Lorsqu'il la reçoit pour une première séance de coaching et qu'elle expose son cas, Olivier perçoit une grande émotion derrière les mots et à travers le son de la voix. Il lui propose alors de fermer les yeux et d'observer les sensations corporelles : où est-ce que ça se passe, qu'est-ce qui se passe...

Élisa décrit comme une vrille dans le ventre qui chercherait à lui percer la peau. Olivier entame alors un processus de présence sensorielle pour laisser bouger les sensations ; ce processus va durer près d'une heure. Les sensations évoluent à travers le corps, la gorge, Élisa évoque une envie de vomir – « Laisse cette sensation arriver, même si tu dois vomir » –, les larmes coulent abondamment, jusqu'au moment où petit à petit les sensations se calment et Élisa retrouve son calme.

Alors que la séance va se terminer, Olivier propose à Élisa de bien ressentir son état actuel et de ne pas hésiter à refaire le même processus si de nouvelles émotions surgissent. Au vu de l'urgence de la situation, rendez-vous est pris pour la semaine d'après.

En débutant la seconde séance, Élisa évoque plus de facilité à faire face à la situation qu'elle vit. Elle est plus sereine, mais l'idée de devoir payer des astreintes et de devoir vendre des affaires personnelles continue de la tarauder.

Olivier lui propose à nouveau d'observer les sensations corporelles qui apparaissent et le travail de présence sensorielle permet de les faire disparaître en quelques minutes. C'est alors qu'Olivier propose à Élisa un outil directement issu des neurosciences : le pack aventure.

Il s'agit de faire une liste des avantages et inconvénients liés à une valeur ou un comportement et son opposé. Nous agissons sur la nuance, une dimension qui facilite le mode mental adaptatif en opposé avec des importances exagérées accordées à des valeurs ou des comportements donnés.

Dans le cas d'Élisa, le premier mot qui lui vient à l'esprit est trahison. Elle s'estime trahie ; elle faisait confiance à cet homme qui a pourtant commis un acte odieux contre leur enfant. Je lui fais évaluer son stress – 10/10 – puis chercher les avantages et inconvénients de « faire confiance » et de « être trahi ». À la fin de l'exercice, le stress est passé à 5/10.

Nous en faisons un autre sur la thématique sécurité/incertitude et la note fait de même.

Au bout de 15 jours, et en faisant régulièrement des packs sur les stress qu'elle vit, Élisa est désormais capable de vivre sa situation avec sérénité et continue de refuser la garde partagée. Elle décide de changer d'avocate pour faire appel, ayant le sentiment que la précédente n'était pas assez radicale.

Au bout de quelques mois, et après l'intervention des services de protection de la jeunesse, Élisa obtiendra gain de cause.

CHAPITRE 7

TESTEZ VOTRE INTELLIGENCE NEUROSENSORIELLE ET ENTRAÎNEZ-VOUS

COMBIEN DE TEMPS FAUT-IL POUR DÉVELOPPER NOTRE INTELLIGENCE NEUROSENSORIELLE ?

Que voici une question qui pourrait refléter de l'inquiétude ! Un peu comme le patient qui demande « c'est grave docteur ? » La bonne réponse du médecin serait alors : « Non, mais votre guérison ne dépend que de vous ! »

À la lecture de ce qui précède, vous comprendrez aisément que le meilleur moyen de décupler notre intelligence passe par de l'entraînement.

Tout comme nous avons appris à lire à partir d'éléments graphiques, nous devons apprendre à décoder les signaux que notre corps nous envoie, à les traiter et les synthétiser pour apporter une réponse qui, elle aussi, sera génératrice de nouveaux signaux.

Même si cela peut paraître un peu complexe de prime abord, il s'agit, comme lorsque l'on aborde une nouvelle discipline, de procéder étape par étape afin d'en devenir un maître.

C'est cela à quoi nous nous employons avec passion : *vous apporter des informations, des outils, des protocoles et de l'entraînement pour vous permettre de développer votre intelligence neurosensorielle.*

Les bénéfices sont illimités :

— capacité de se reconnecter à la puissance de notre libre arbitre et de faire les bons choix à tout instant ;
— capacité de diminuer définitivement notre stressabilité et de mieux accueillir toute situation ;
— capacité de vivre avec une sérénité optimale, donc moins de maladies et autres maux liés au stress ;
— capacité de gérer nos émotions, et mieux encore, d'en diminuer les causes profondes (les charges émotionnelles négatives) ;
— re-connaissance de nos passions et de ce vers quoi nous voulons vraiment aller ;
— capacité de communiquer dans l'ouverture et de développer des relations riches et authentiques ;
— capacité de prendre la bonne décision lors de changements de cap importants ;
— capacité d'orienter notre énergie vers le don et de devenir à la fois humble et charismatique tout en participant activement à l'épanouissement de ceux qui nous entourent ;
— et bien d'autres choses encore, comme vous avez pu vous en apercevoir à la lecture de ce livre.

Alors nous vous proposons de commencer à goûter à l'intelligence neurosensorielle, tout en étant bien conscients d'être limités par les possibilités d'un format « livre ». Nos outils en ligne sont beaucoup plus complets et apportent des réponses et des apprentissages beaucoup plus conséquents.

Nous vous proposons un test sommaire qui vous donnera un premier aperçu de votre quotient d'intelligence neurosensorielle, puis quelques exercices pour illustrer les quatre axes que nous avons exposés au chapitre 4.

UN PETIT TEST POUR VOTRE INTELLIGENCE NEUROSENSORIELLE

Attention, c'est en fait une autoévaluation plus qu'un véritable test. Cela signifie que pour obtenir la bonne évaluation, vous devez être honnête avec vous-même.

Si vous avez des doutes sur la réponse, repensez à des moments précis qui valident votre réponse ; que ce soient des comportements bien concrets pour vous !

1	Dans une situation complexe, je vois bien que mon interprétation de ce qui m'arrive a un impact sur mon bien-être	
2	J'accueille mes émotions, même si elles me débordent…	
3	Je sais me décontracter dans les moments de tension	
4	Je sens qu'il y a une forme de fatalité dans ce que je vis	
5	Mon point de vue a toutes les chances d'être le bon	

6	J'accepte de me tromper, de faire des erreurs	
7	Dans une situation difficile, je suis conscient des causes qui sont de mon ressort	
8	Il m'arrive de rejeter la faute sur les autres	
9	Je me sens libre de faire ce que je veux	
10	Quand c'est difficile, j'aimerais que les problèmes se résolvent plus facilement	

11	On me dit que j'ai une bonne qualité d'écoute	
12	Quand je suis avec quelqu'un, je fais tout pour avoir une bonne qualité de présence	
13	Je m'intéresse à ce que vit ou ce que ressent mon interlocuteur	
14	On me dit que j'interprète mal les situations	
15	Je préfère convaincre que questionner	

16	Lorsqu'on me critique, je reste curieux de comprendre	
17	Les personnes me disent qu'elles sont en confiance pour s'exprimer avec moi	
18	J'ai plutôt la critique facile	
19	J'aime demander à l'autre sa solution	
20	Quand on me donne un feed-back, ma première réaction est de me protéger	

21	Je suis clair sur mes intentions avant un entretien	
22	Je suis lucide sur ce que je vis et l'impact que cela provoque chez les autres	
23	Je dis les choses avec authenticité, même si je sais que je risque de choquer	
24	Je suis un créateur de valeurs	
25	Mes intentions sont constructives	

26	J'ai le choix d'agir sur ma météo intérieure	
27	Quand je m'engage, je respecte mes engagements	

28	Je sais montrer de la reconnaissance et de la gratitude	
29	J'ai établi mes priorités entre ma vie privée et ma vie professionnelle	
30	Je me sens contrarié lorsque j'entends des propos qui contredisent mes valeurs	

31	Lorsque je prends une décision, je me dis que j'apprendrai toujours, quel que soit le résultat	
32	Je ressens de la confiance face à l'imprévu et aux obstacles	
33	Je suis à l'aise quand il faut improviser	
34	J'aime être informé de tout ce qui se passe	
35	Je suis admiratif des personnes qui savent se contrôler en toutes circonstances	

36	J'ai confiance dans ma capacité/mes compétences	
37	Je sais rire de moi	
38	Je suis optimiste, quels que soient les événements	
39	Quand je suis face à un mur, je sais passer à autre chose	
40	Il m'arrive d'éprouver de la rancune, voire de la colère	

Reportez vos réponses à cette autoévaluation sur les grilles de résultat, en fin de livre. Gardez aussi cette page ouverte pour plus de facilité.

QUELQUES EXERCICES POUR CHACUN DES QUATRE AXES

Voici quelques petits exercices pratiques pour développer vos sensations en relation avec l'intelligence neurosensorielle.

Un exercice pour chaque axe du processus V.O.I.R. – à vous de jouer !

1. Axe « va vers toi » – la responsabilité

a) Évaluez de 0 à 5 votre capacité à aller vers vous

J'avance sans attendre que les autres bougent	
J'ai décidé de me prendre en main en toute occasion	
J'ai un objectif	
Je suis créateur de ma réalité	
Je suis partie prenante des situations que je vis	
Je suis conscient que lorsque je ne bouge pas, je participe à maintenir une réalité	

b) Exercice de questionnement

Si je prends une situation qui me contrarie, quel est l'impact de cette situation sur mon vécu, en termes de pensées, d'émotions, de sensations corporelles ?

____

____

Dans quelle mesure je peux dire « ce que je vis m'appartient, c'est moi qui crée cela en moi et je l'accepte » ?

Quel désir ai-je de lâcher ce vécu, de m'ouvrir à ce qui se passe et de regarder les choses différemment ?

---

2. Axe « observe et investigue » – l'exploration

c) Évaluez de 0 à 5 votre capacité à écouter sans juger

Quand j'écoute, je suis avec ce qui se passe et non avec ce qui devrait se passer	
Le changement est toujours porteur d'un enseignement	
Tout existe et je suis curieux de découvrir	
Je suis prêt à tout entendre et à tout écouter	
Je fais la différence entre écouter et juger	
J'accueille ce qui se passe en moi sans essayer de le modifier	

d) Exercice de questionnement

Dans quelle mesure suis-je prêt à entendre et écouter des affirmations avec lesquelles je ne suis pas d'accord ?

____

____

Quel est mon degré de curiosité quand la personne en face de moi m'expose un problème ?

____

____

Quel est mon comportement lorsque je suis face à l'inconnu, incapable de prédire ce qui va se passer ?

____

____

3. Axe « interroge ton intention » – la motivation

e) Évaluez de 0 à 5 votre capacité à aller vers vous

Je ressens un engagement qui me rend fort, même dans l'adversité	
Je peux entendre des critiques sans me laisser perturber	
J'ai le sentiment d'avoir une valeur ajoutée qui me rend unique	
J'apporte ou je fais en sorte d'apporter quelque chose aux autres et de contribuer à améliorer les choses	
Quand je suis avec une personne, je fais en sorte d'être totalement présent	
Je sais faire la part des choses entre le travail et le repos	

f) Exercice de questionnement

Qu'est-ce qui me montre que je suis attentif à ma qualité d'énergie interne dans mon quotidien ?

____

____

Comment puis-je faire pour vérifier que je suis bien dans une posture de vouloir me relier aux autres et d'apporter mes connaissances si besoin ?

____

____

Qu'est-ce que je mets en place pour conserver un équilibre dans ma vie, entre le temps de travail et le temps personnel, au niveau santé, au niveau nourriture, au niveau familial, etc. ?

____

____

4. Axe « relâche » – la confiance

Évaluez à travers ces questions votre capacité à faire confiance aux autres, pardonner, être dans la gratitude et faire confiance à la vie.

g) Évaluez de 0 à 5 votre besoin de contrôler

À quelle fréquence ai-je besoin de contrôler les choses ?	
Quel est mon niveau de contrôle dans ma vie ?	
Comment j'évalue ma difficulté à être authentique ?	
Quel impact a le regard des autres sur moi ?	
Quel est mon niveau de difficulté à pardonner ?	
À quelle fréquence je constate que je ne dis pas merci ?	

Plus le score est élevé, plus votre besoin de contrôle est élevé.

h) Exercice de questionnement

Que se passe-t-il si je n'interviens pas dans une situation qui me touche ?

____

____

Comment je réagis quand des personnes que j'estime ne font pas les choses comme je le souhaite ?

____

____

Quel est mon niveau de courage lorsque tout semble se liguer contre moi ?

____

____

UN DERNIER EXERCICE : ACCUEILLIR L'ÉMOTION

Quelques questions à se poser lorsqu'une émotion négative surgit.

De quelle émotion s'agit-il, quel est son nom ?

____

____

Quel est l'impact de cette émotion sur mon corps ?

____

____

Si je me laisse aller dans cette émotion négative et que je savoure les sensations qu'elle provoque, que se passe-t-il ?

____

____

Dans quelle mesure suis-je capable de rester à savourer ces sensations, sans rien faire d'autre et même si cela dure ?

Comment évoluent maintenant les sensations ?

Quel est l'enseignement que je tire de cette expérience ?

CHAPITRE 8

COMMENT SE CERTIFIER ET DIFFUSER LES OUTILS DE L'INTELLIGENCE NEUROSENSORIELLE

LES OUTILS DE L'INTELLIGENCE NEUROSENSORIELLE

En plus des protocoles exposés au chapitre 4, nous utilisons énormément d'outils issus des neurosciences pour compléter le travail et optimiser l'utilisation du mode mental adaptatif.

Il serait vain de vouloir vous les exposer dans ce livre, ou alors nous devrions rajouter plusieurs centaines de pages pour cela, ce qui n'est pas le but de ce livre qui se veut être un guide pratique de découverte et de compréhension de l'intelligence neurosensorielle et de ses bienfaits.

Par contre, si vous êtes coach, accompagnant, formateur ou consultant, vous aurez probablement à travers ces pages compris les bénéfices que vous apporterait une certification à l'approche neurosensorielle, comme :

— proposer de nouveaux outils et accompagner vos clients dans la durée avec plus de facilité ;
— affûter votre pratique et gagner en efficacité dans votre travail d'accompagnement ;
— être plus créatif dans vos formations et apporter des solutions plus performantes ;
— apporter de nouvelles solutions et plus de résultats ;

— développer l'entreprise consciente pour mieux appréhender les enjeux du futur ;
— élargir votre offre, toucher de nouveaux clients et augmenter votre chiffre d'affaires ;
— proposer des plans de formation individuels et collectifs, avec formation et entraînements en e-learning ;
— et bien d'autres choses encore.

Dans votre pratique, vous allez pouvoir agir avec plus d'efficacité sur des problèmes récurrents dans les organisations :

— plaintes sur un manager ou un collaborateur ;
— dysfonctionnement dans l'entreprise – des erreurs importantes sont commises ;
— turnover important et problèmes d'absentéisme ;
— changements en tous genres : de stratégie, d'objectif, de direction, de logiciel ;
— mal-être au travail, burn-out, suicides.

Vous allez savoir comment optimiser les axes de développement essentiels d'une organisation :

— améliorer la cohésion, changer des comportements ;
— améliorer les performances ;
— permettre une meilleure circulation de l'information, une meilleure communication interne ;
— favoriser de meilleures relations ;
— améliorer les processus internes ;
— améliorer et adapter les compétences managériales par rapport à la stratégie de l'entreprise ;
— impulser l'agilité ;
— et bien d'autres choses...

UNE RELATION GAGNANT/GAGNANT

La posture préfrontale apporte une vision qui va au-delà d'une simple relation commerciale pour participer à la grandeur de l'humanité.

C'est pourquoi nous tenons particulièrement à ce que les relations avec nos diffuseurs soient de type gagnant/gagnant :

— Nous avons besoin de vous pour diffuser ces outils et accompagner les êtres humains vers le mieux-être.
— Vous êtes parmi les premiers à proposer une méthode concrète, facile, rapide et efficace et vous gagnez à la faire connaître.
— Nous participons ensemble à la guérison d'une planète qui nous apparaît de plus en plus malade.

Alors si l'aventure vous tente, autant la rendre agréable, ludique et active, et c'est vers cela que nous avions orienté notre pédagogie...

S'ENGAGER DANS UN APPRENTISSAGE VIRAL

Pour vous permettre d'intégrer aisément notre approche, nous nous référons à un axiome qui a été confirmé depuis longtemps par les chercheurs en neurosciences et les pédagogues éclairés :

Nous apprenons plus rapidement quand nous le faisons dans la perspective de réexpliquer ce que nous venons d'apprendre...

Là où de nombreux étudiants vont passer par de véritables souffrances pour apprendre, celui qui donne des cours de soutien sur ce qu'il vient d'apprendre va intégrer la matière avec plaisir et beaucoup plus rapidement !

Il ne faut pas « souffrir » pour apprendre, mais plutôt « aimer » pour apprendre. Ceux qui pratiquent cet adage, que ce soit en tant que leader, formateur, coach ou encore parent, développent une autre façon de travailler où le plaisir est très présent ; l'énergie *Il faut* a fait la place à l'énergie *Miam*.

Et c'est pour cela que nous avons créé Neurosensorial Institute : vous permettre de développer la plus belle des intelligences et rayonner du plaisir d'apprendre aux autres ce qui les fera rayonner à leur tour !

Que ce soit nos formations, nos e-learnings, nos tests et évaluations ou nos entraînements, vous pouvez bénéficier des outils les plus modernes, mis à jour constamment avec les dernières recherches en connaissance de l'humain et des organisations.

Vous allez utiliser les techniques fondamentales de notre approche – les protocoles NeuroSens – pour optimiser votre lucidité, écouter votre intuition, vous libérer des lourdeurs et des freins et mieux atteindre vos objectifs.

Vous les compléterez avec les outils cognitifs spécialement conçus pour nous faire passer du mode mental automatique au mode mental adaptatif ; notre préfrontal.

Vous pourrez ensuite devenir à la fois utilisateurs et distributeurs à la pointe de tout ce que nous créons pour faciliter et rendre plaisant l'apprentissage chez vos équipes ou vos clients.

COMMENT NOUS CONTACTER ?

Un seul et unique site, à vocation internationale :

www.neurosensorial-institute.com

CONCLUSION

L'AUTRE DIMENSION DE L'INTELLIGENCE NEUROSENSORIELLE

Olivier a quelque chose à vous raconter :

« Il y a quelques jours j'ai fait un rêve... J'étais un peu comme un architecte qui devait réaménager une rue. Dans cette rue, un bar à chicha, une boulangerie, une boucherie, mais le plus marquant était que ces commerces étaient comme des boîtes que je pouvais facilement changer de place ; avec un peu de recul, il s'agissait plutôt de “réorganiser” la rue...

En manipulant ces boîtes, je trouvai une sorte de gros tuyau, d'une vingtaine de centimètres de diamètre, avec des fils qui en sortaient... On aurait pu penser que c'était comme une gaine plastique avec des fils électriques, à la différence près que ce n'était ni plastique ni métallique, mais plutôt organique.

Je commençai alors à disposer les commerces comme bon me semblait, mais ne sachant que faire de ce tuyau organique, je décidai de le mettre à côté de moi et je m'assis pour contempler le résultat une fois le travail terminé.

C'est alors qu'une image est arrivée vers moi : celle du film *Avatar* où les habitants de la planète se connectent avec leur monture et leur habitat végétal ; en fait, ils se connectent à tout ce qui vit sur cette planète...

En même temps, dans ce rêve, je sentais que les fibres de ce tuyau commençaient à se connecter à moi, plus particulièrement à l'endroit d'où pourrait partir une hypothétique tresse de mon crâne dégarni, et aussi au niveau du sacrum, au bas de la colonne vertébrale.

Au fur et à mesure de cette connexion, je ressentais de plus en plus de fourmillements, de pétillements à travers tout mon corps et je comprenais que je m'étais connecté, *via* ce simple tuyau apparemment inutile, à tout ce qui était vivant, que ce soit les êtres humains, les animaux, les plantes, mais aussi les pierres, car oui, les pierres sont vivantes... et prenez-en pour preuve la vivacité des pierres en fusion lorsque la lave dévale les flancs d'un volcan...

Tout ce que je vivais n'aurait jamais pu exister si je n'avais pas senti tout ce pétillement d'énergie à l'intérieur de mon corps, et je compris à quel point la sensorialité est la voie d'accès au monde de l'infini, du divin, de la métaphysique, peu importe le mot que vous allez employer...

Une telle connexion n'aurait jamais eu lieu avec le simple intellect... Comme dans le film *Avatar*, ce qui se passe lorsque le héros vole sur son dragon n'est plus de l'ordre de l'intellect, c'est bien au-delà, c'est un échange qui se fait au niveau du corps, une fusion extraordinaire qui se fait en temps réel, dans le présent, et dans laquelle la pensée est au second plan...

Le plus amusant, c'est que maintenant réveillé et toujours en contact avec ces sensations, j'ai pu observer ma pensée revenir avec une question d'ordre pratique et concrète et instantanément, les sensations corporelles avaient disparu.

J'ai alors décidé en toute conscience de focaliser à nouveau ma pensée vers mes sensations physiques et j'ai pu voir petit à petit les sensations corporelles revenir et j'ai ainsi retrouvé cette extraordinaire sensation de reconnexion au tout... »

Que pouvons-nous en déduire ?

Bien sûr, nous direz-vous, c'était un rêve ; mais au-delà du rêve, il y a l'enseignement :

En nous reconnectant au corps, nous nous reconnectons à la vie.

Et une fois de plus, en étant connectés à la vie, nous nous connectons à l'intelligence du vivant, cette extraordinaire capacité à tendre vers l'équilibre tout en étant dans un mouvement permanent.

En étant connectés à l'intelligence du vivant dans notre présence sensorielle, nous laissons émerger un état de conscience qui va bien au-delà de toutes les intelligences puisqu'il nous reconnecte au tout.

En étant conscients de tout ce qui se joue et de notre faculté de créer notre réalité, nous n'avons plus à être dans la fermeture, la résistance et la protection, nous nous connectons à l'abondance dans tous les domaines de notre vie : relations, plaisir, sens de la vie, passion, amour, mission de vie.

Nous sommes persuadés que lorsqu'une quantité suffisante de personnes auront intégré cette intelligence et n'auront plus la peur du manque, nous constaterons une diminution des troubles et des problèmes à l'échelon mondial.

Alors nous serons témoins d'une véritable communauté humaine, connectée non plus aux plaisirs éphémères, mais au bonheur durable en lien avec la nature.

Alors nous cesserons de faire mourir notre Terre mère et nos enfants recevront ce qui leur appartient : le droit de vivre épanoui dans un environnement magnifique.

Puissent ces aspirations se concrétiser un jour.

Olivier Masselot et Samy Kallel

RÉPONSES À L'AUTOÉVALUATION

(Suite aux questions du chapitre 7)

Reportez vos réponses sur le tableau ci-dessous. Ensuite, faites les sous-totaux par catégorie, puis le total pour chaque axe. Consultez ensuite les commentaires sous chaque tableau.

AXE DE LA RESPONSABILITÉ

# QUESTION	REPORTEZ LA COCHE	NOMBRE DE POINTS	SOUS-TOTAL	
1		2		
2		2		
3		2		
4		-2		
5		-2		/10 – Catégorie 1
6		2		
7		2		
8		-2		
9		2		
10		-2		/10 – Catégorie 2
TOTAL GÉNÉRAL				/20 – Axe de la responsabilité

Catégorie 1 *(Réponses 1 à 5)* **: Votre capacité à prendre du recul**

C'est votre capacité à sentir que l'interprétation que vous donnez aux situations est à l'origine de ce que vous vivez à travers ces situations et des choix que vous faites en rapport avec cette situation.

Catégorie 2 *(Réponses 6 à 10)* **: Votre responsabilité personnelle**

C'est votre capacité à sentir que vous participez consciemment ou inconsciemment à maintenir un problème. C'est aussi votre capacité à garder ou reprendre votre pouvoir d'action sur les situations.

Axe de la responsabilité :

Le total général représente votre capacité à sentir que votre vécu par rapport à une situation et la décision que vous allez prendre vous appartiennent. C'est votre capacité à « passer du subir à l'agir ».

AXE DE L'EXPLORATION

Reportez vos réponses sur le tableau ci-dessous puis faites le total.

# QUESTION	REPORTEZ LA COCHE	NOMBRE DE POINTS	SOUS-TOTAL	
11		2		
12		2		
13		2		
14		-2		
15		-2		/10 – Catégorie 3
16		2		
17		2		
18		-2		
19		2		
20		-2		/10 – Catégorie 4
TOTAL GÉNÉRAL				/20 – Axe de l'exploration

Catégorie 3 *(Réponses 11 à 15)* **: Votre capacité d'être présent et d'observer sans juger**

Votre capacité à être totalement présent quand vous êtes avec quelqu'un et à recueillir l'information sans juger ou sans évaluer vous permet d'obtenir une information vraie parce que vous donnez la liberté à votre interlocuteur de parler en toute franchise.

Catégorie 4 *(Réponses 16 à 20)* **: Votre ouverture, votre réceptivité et votre acceptation**

Votre capacité à être dans la posture du non-sachant et à être capable d'écouter quelqu'un qui vous critique. C'est être capable d'accepter la diversité et de recevoir des feed-back des autres.

Axe de l'exploration :

Le total général représente votre capacité à rester présent et ouvert face à toute situation, ce qui vous permet d'obtenir une information de qualité tant sur votre façon de réagir que sur la totalité de ce qui vous entoure. C'est votre capacité à passer du jugement à l'exploration.

AXE DE LA MOTIVATION

Reportez vos réponses sur le tableau ci-dessous puis faites le total.

# QUESTION	REPORTEZ LA COCHE	NOMBRE DE POINTS	SOUS-TOTAL	
21		2		
22		2		
23		2		
24		-2		
25		-2		/10 – Catégorie 5
26		2		
27		2		
28		-2		
29		2		
30		-2		/10 – Catégorie 6
	TOTAL GÉNÉRAL			/20 – Axe de la motivation

Catégorie 5 *(Réponses 21 à 25)* **: Votre capacité à avoir une intention constructive**

C'est votre capacité à sentir si vous êtes dans une dynamique de peur ou de cœur et à vous interroger sur votre énergie intérieure.

Catégorie 6 *(Réponses 26 à 30)* **: Votre capacité à accéder à vos propres ressources**

C'est votre capacité à vous recentrer, à retrouver une énergie constructive pour vous mettre dans l'action dans une dynamique constructive et non défensive tout en vous engageant.

Axe de la motivation :

Le total général représente votre capacité à vous placer et à maintenir une énergie constructive, ainsi que votre capacité à faire enseigner ou partager ce que vous savez avec les autres et à générer du plaisir et de l'enthousiasme à travers toute situation. C'est votre capacité à passer de la contrainte à l'enthousiasme.

AXE DE LA CONFIANCE

Reportez vos réponses sur le tableau ci-dessous puis faites le total.

# QUESTION	REPORTEZ LA COCHE	NOMBRE DE POINTS	SOUS-TOTAL	
31		2		
32		2		
33		2		
34		-2		
35		-2		/10 – Catégorie 7
36		2		
37		2		
38		-2		
39		2		
40		-2		/10 – Catégorie 8
TOTAL GÉNÉRAL				/20 – Axe de la confiance

Catégorie 7 *(Réponses 31 à 35)* **: Votre capacité à lâcher le contrôle et accompagner le flux**

C'est votre capacité à être en synchronisation avec ce qui se passe et à surfer sur les événements, à faire confiance à la vie.

Catégorie 8 *(Réponses 36 à 40)* **: Votre capacité à pardonner, lâcher prise et être optimiste**

C'est votre capacité à être dans une dynamique optimiste, à faire confiance en vos compétences et à vous sentir vivant.

Axe de la confiance :

Le total général représente votre capacité à faire confiance, passer du contrôle au lâcher-prise, bien conscient que rien n'arrive par hasard et que vous pouvez à tout moment agir sur vous-même et sur les conséquences de vos décisions.

Composition : Soft Office

Achevé d'imprimer en juin 2019
sur les presses de la Nouvelle Imprimerie Laballery
58500 Clamecy
Dépôt légal : juillet 2019
Numéro d'impression : 906386

Imprimé en France

La Nouvelle Imprimerie Laballery est titulaire de la marque Imprim'Vert®